LEARN French

THE BBC* WAY
*BRITISH BROADCASTING CORPORATION

A combined cassette and book course for beginners in French.

Book 2   Programs 13-24

Course Designer	John Ross, University of Essex
Language Consultant	Danielle Raquidel
Drama sketches	Jean-Claude Arragon
Director	Terry Doyle
Producers	Alan Wilding, Tony Roberts
Executive Producers	Edith R. Baer, Sheila Innes

BARRON'S/Woodbury, New York

First U.S. Edition Published in 1979.

Barron's Educational Series, Inc.
113 Crossways Park Drive
Woodbury, New York 11797

Original edition published 1975 and entitled *Ensemble 2*
Published by the British Broadcasting Corporation
35 Marylebone High Street, London W1M 4AA.

Text illustrations by Hugh Ribbans.

By arrangement with the British Broadcasting Corporation.
© 1975 The British Broadcasting Corporation and the contributors.

International Standard Book No. 0-8120-0724-7

PRINTED IN UNITED STATES OF AMERICA

Contents

Introduction	5
Chapter 13 Saying what has to be done	7
Chapter 14 Saying what you normally do	16
Chapter 15 Saying what other people do	24
Chapter 16 Saying what you did	32
Chapter 17 Saying where you went	42
Chapter 18 Review	52
Grammar summary	53
Try your skill (iii)	60
Chapter 19 Giving and getting precise information	68
Chapter 20 State your opinions	79
Chapter 21 Giving your reasons	90
Chapter 22 Talking about the past — revision	101
Chapter 23 Putting it all together	111
Chapter 24 Review	121
Grammar summary	122
Try your skill (iv)	130
Reference Section Verb list	135
Answers to exercises	138
Vocabulary	157

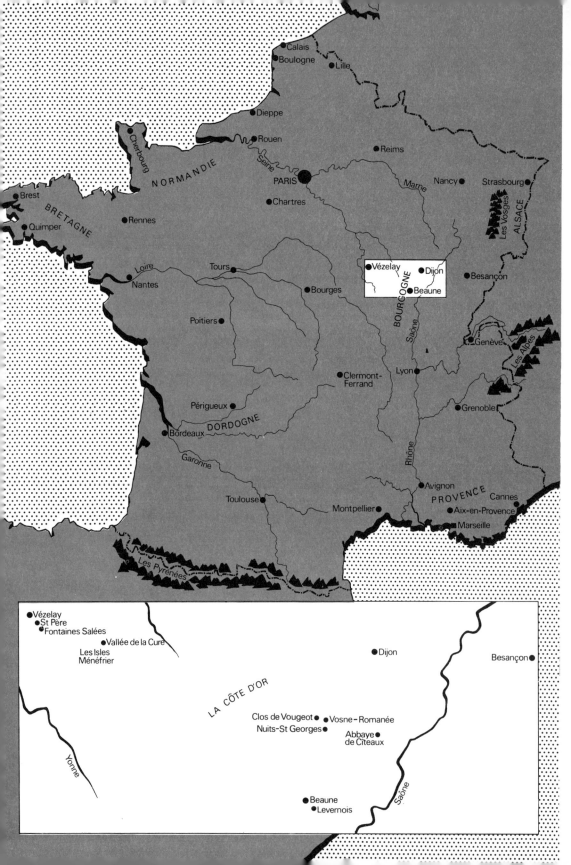

Introduction

This book accompanies the tape cassette, lessons 13–24 of *Learn French the BBC Way,* a course for adult beginners in French.

In the first of these two books we attempted to introduce the most basic elements of French. The aim of Book 2 is to help you consolidate this basic language and to develop it in such a way that you can begin to talk in more detail about your daily life and your family, to talk about the past by saying where you have been and what you have done, to express your opinions, and altogether to give and ask for more precise information of various kinds by joining ideas together.

The Programs

Our approach in this second half of the course is identical to that of the first half. In each chapter, there are sections that are keyed to the cassette tapes. As you play the second tape, you will find that it contains the same types of skits as on the first tape. They are real-life recordings made in Dijon and Aix-en-Provence in which you can hear French people going about their everyday lives and talking about their homes, work, families and leisure.

Continuing to live with *Learn French the BBC Way*

You may have decided to learn French for any one of a number of reasons, but whatever your particular reason, it is more than likely that you have found the going hard from time to time. This is quite natural because, in language learning, it is the *beginning* which is most difficult — trying to distinguish what seems like a string of sounds which do not appear to separate into individual words, twisting your own mouth into unfamiliar shapes, being faced with a mountain of new words to learn. It is a certainty that everyone has met with these problems, but try to bear the following suggestions in mind as you continue with Book 2.

Don't let vocabulary get on top of you. We do not suggest that you try to learn every word in *Learn French the BBC Way.* If you do have some spare time, try to spend it memorizing what seem to you the most useful words.

Try to concentrate on learning the week's key structures because they will give you the basis with which you can express yourself. For instance, everyone should now be able to say *"Je voudrais un verre de vin ."* But we cannot foresee if *you* happen to need nail polish remover, so the main thing is to acquire the structure (*"Je voudrais . . ."*) and use a dictionary for the items of vocabulary which will be of most use to you.

Do not be afraid of making mistakes. The exercises in this book were not written so that everyone would get everything right — that would defeat the object. Some of the exercises were designed to enable you to practice the week's new material, but others — particularly those in which you take part in a dialogue — involve material from earlier chapters. Since no one has an infallible memory, it is only natural that these will present more of a problem, so when you do come to look up the answers, treat them as a kind of ongoing revision of earlier basic pieces of language and learn from your mistakes.

We cannot, of course, foresee the things that French speakers will say to you, but it is certain that they will not limit themselves to what is in *Learn French the BBC Way.* Luckily, everyone has the ability to guess the general drift of a conversation by getting clues from the parts of it they *do* understand.

13 Saying what has to be done

Qu' est-ce qu' il faut faire?	**Il faut**	attendre. patienter. téléphoner.

Qu' est-ce que je dois faire?	**Vous devez**	attendre. patienter. téléphoner.

In this chapter, you will learn how to express the ideas of *need, ought, should, must,* using *je dois* and *vous devez* with infinitives, and *il faut* with infinitives and nouns.

A kitchen. On top of the stove a pan. The housewife, la ménagère, *takes off the lid. Smoke gushes forth from some very burnt potatoes.*

La ménagère	Zut! Qu' est-ce qu' il faut faire? Mes pommes de terre brûlent toujours. (*She starts again*) Encore une fois! D'abord il faut prendre des pommes de terre. Ensuite je dois les éplucher. *She begins to peel the potatoes. Later she removes the pan lid, and again the potatoes are burnt.*
La ménagère	Oh non! Mes pommes de terre sont encore brûlées! Mon Dieu, qu'est-ce que je dois faire? *There is a sudden flash of light and a man wearing a dark suit, bowler hat and club tie appears as if by magic.*
L'homme	Vous devez acheter des pommes de terre de bonne qualité. Voilà le secret. *He gives her a bag of potatoes. The housewife starts all over again, without success.* *Five years later.*
Voice	Cinq ans plus tard. *The housewife has burnt her potatoes yet again.*
La ménagère	Oh! Ce n'est pas vrai! Qu' est-ce qu' il faut faire? Mes pommes de terre brûlent toujours. *Another flash of light. The man returns.*

L'homme	Madame, si vous ne voulez pas brûler vos pommes de terre, il faut mettre de l'eau dans la casserole.
	He produces a jug of water. At last the housewife gets it right.
La ménagère	Tout d'abord il faut des pommes de terre de bonne qualité. *(She selects potatoes)* Ensuite il faut les éplucher. *(She peels them)* Puis je dois les mettre dans une casserole. *(She puts them in pan)* Et enfin je dois les couvrir d'eau. *(She covers them with water)* *Twenty minutes later. The potatoes are perfect.*
Ensemble	Ce n'est pas le feu qui cuit les pommes de terre, c'est l'eau!

Expressions

qu'est-ce qu'il faut faire?	*what's to be done?*
encore une fois!	*again! once more!*
je dois les éplucher	*I must peel them*
tout d'abord	*first of all*
ce n'est pas le feu qui cuit les pommes de terre	*it isn't the heat that cooks the potatoes*

Explanations

1

It's got to be done

To say what has to be done, use **il faut**:

Il faut être patient avec les enfants.
Pour acheter du pain **il faut** aller à la boulangerie.
Pour louer une voiture **il faut** avoir un permis de conduire.

And you can *ask* what has to be done as follows:

Que'est-ce qu'il faut faire pour trouver un bon hôtel?

Il faut is impersonal — i.e., it can refer to different people and doesn't change. Just *who* it refers to is generally clear from the context. It can be *people in general, I, you* and so on:

Il faut manger pour vivre. *Everyone has to ...*
J'ai faim! Il faut manger. *I have to ...*
Vous avez faim? Alors il faut manger. *You have to ...*

Il faut can also tell you what *things* are needed:

Pour faire une omelette **il faut des oeufs.**
Pour acheter des oeufs **il faut de l'argent.**

2

Je dois/vous devez

Another way of saying what you personally have to do is to use **je dois** (from the verb **devoir**):

Il est minuit. **Je dois** partir.

Use **vous devez** for what someone else has to do:

Je ne comprends pas. **Vous devez** parler lentement.

Vous devez also contains the idea of giving advice or persuading people, like the English *must, ought to* and *should.*

Vous devez aller à St. Tropez. C'est très beau.
Vous devez voir le nouveau film de Truffaut.

Devoir also means *to owe:*

Je vous **dois** dix francs.
Vous devez mille francs à la banque.

One way of asking for the bill is:
Combien je vous dois?

3

Infinitives

Il faut and **devoir** (like **aimer, aller, avoir envie de,** etc.) are followed by verbs in the *infinitive:*

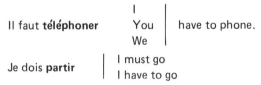

| Il faut **téléphoner** | I
You
We | have to phone. |

| Je dois **partir** | I must go
I have to go |

Infinitives are easy to recognize: they always end in **-er**, **-ir** or **-re**. A verb is usually referred to by its infinitive — this is how they appear in the glossary: e.g., téléphoner *to telephone,* partir *to leave,* prendre *to take.* The ending of the infinitive is usually a clue as to what the other parts (e.g., with *je, il, vous,* etc.) will be.

The largest group of verbs has **-er** at the end of the infinitive; you'll have noticed that the final **-r** isn't pronounced. Some **-er** verbs in this chapter include *acheter, éplucher, brûler, aimer, manger* and *traverser.*

4

Venez manger

Infinitives are also used after verbs of movement:

Venez **manger** — Come and have a meal.
Allez **voir** l'exposition — Go and see the exhibition.

5

It/them

Le, la and **les,** when used to replace nouns, come between **il faut** or **devoir** and the infinitive.

Il faut nourrir **les enfants** — il faut **les** nourir.

Je dois éplucher **les pommes de terre** — je dois **les** éplucher.

6

Be your age

To say how old you are use **avoir:**

J'ai vingt ans	I am 20
Mme Latrombe a quarante ans	Mme Latrombe is 40
Quel âge avez-vous?	How old are you?

1

Dominique de Gasquet is at the grocer's in Aix-en-Provence buying some eggs. . .

Dominique	Bonjour, Madame.
L'épicière	Bonjour, Madame.
Dominique	Je voudrais, s'il vous plaît, une boîte de six oeufs.
L'épicière	Des extra-frais?
Dominique	Oui.
L'épicière	Une boîte de six?
Dominique	Oui, Madame.
L'épicière	Alors, voilà. Et avec ça, Madame?
Dominique	Je voudrais une baguette aussi.
L'épicière	Je suis désolée, Madame, je n'ai pas de pain. Il faut aller à la boulangerie. Elle est juste en face.
Dominique	Merci beaucoup. C'est combien les oeufs, s'il vous plaît?
L'épicière	Trois francs quinze.
Dominique	Voilà, Madame. *(She pays)*
L'épicière	Merci, Madame. Au revoir. Merci.
Dominique	Au revoir. Merci.

2

Now to find the post office . . .

Dominique	Pardon, Mademoiselle, pour aller à la poste, s'il vous plaît?
La jeune fille	Pour aller à la poste, il faut prendre la deuxième rue à droite, il faut traverser la place, et la poste se trouve sur votre gauche.
Dominique	Je vous remercie beaucoup, Mademoiselle. Au revoir.
La jeune fille	Je vous en prie.

3*

Now she wants to get to the Office du Tourisme — Tourist Information Office — so she stops a passer-by . . .

Dominique	Pardon, Monsieur, pour aller à l'Office du Tourisme, s'il vous plaît?
L'homme	Il faut descendre cette rue jusqu'au Cours Mirabeau, il faut prendre à droite, et au bout du Cours Mirabeau il faut traverser, et l'Office du Tourisme est là.
Dominique	C'est loin, s'il vous plaît?
L'homme	Non . . . environ à cinq minutes à pied.
Dominique	Merci beaucoup.
L'homme	De rien.
Dominique	Au revoir.
L'homme	Au revoir, Madame.

4*

At the Office du Tourisme, Dominique wanted to find out how to make the most of her stay in Aix.

Dominique	Bonjour, Mademoiselle.
L'hôtesse	Bonjour.
Dominique	Qu'est-ce qu'il faut faire pour trouver un bon hôtel ici à Aix?
L'hôtesse	Il faut consulter la liste des hôtels. Voici une liste.
Dominique	Je vous remercie. Est-ce qu'on peut réserver une chambre par téléphone d'ici?
L'hôtesse	Oui, il faut choisir votre hôtel, et on peut téléphoner d'ici.
Dominique	Où faut-il aller pour louer une voiture?
L'hôtesse	Dans une agence.
Dominique	Vous avez la liste des agences, s'il vous plaît?
L'hôtesse	Oui, voici la liste.
Dominique	Merci. Quels papiers faut-il?
L'hôtesse	Pour louer une voiture?
Dominique	Oui.
L'hôtesse	Il faut avoir un permis de conduire, il faut avoir une pièce d'identité, c'est-à-dire un passeport ou une carte d'identité, et il faut avoir au moins vingt-trois ans.
Dominique	Je vous remercie. Et l'exposition de Picasso, c'est bien à Aix?
L'hôtesse	Ah non, pour l'exposition de Picasso il faut aller à Avignon. Il faut prendre un autobus au départ d'Aix.
Dominique	Vous avez un horaire, s'il vous plaît?
L'hôtesse	Oui, voici un horaire.
Dominique	Merci beaucoup.
L'hôtesse	Je vous en prie. Au revoir.
Dominique	Au revoir, Mademoiselle. Merci.

extra-frais	*new-laid (eggs)* (see note p. 15)
il faut prendre à droite	*you have to turn right*
de rien	*not at all, don't mention it*
la poste se trouve . . .	*the post office is . . .*
une pièce d'identité	*proof of identity*
il faut avoir au moins 23 ans	*you must be at least 23* (see note p. 10)
au départ d' Aix	*leaving from Aix*

Exercises

1

Qu'est-ce qu'il faut pour préparer les pommes de terre?
Il faut de l'eau.

Use the following words to say what is needed in each case:
des oeufs; un jeton; un permis de conduire; un billet; de l'argent; ce livre; un instrument.

1 Qu'est-ce qu'il faut pour acheter quelque chose?
2 Qu'est-ce qu'il faut pour jouer de la musique?
3 Qu'est-ce qu'il faut pour prendre le train?
4 Qu'est-ce qu'il faut pour louer une voiture?
5 Qu'est-ce qu'il faut pour téléphoner?
6 Qu'est-ce qu'il faut pour faire une omelette?
7 Qu'est-ce qu'il faut pour apprendre le français?

2

Qu'est-ce qu'il faut faire pour prendre l'avion?
Pour prendre l'avion **il faut acheter un billet.**

Answer the questions using these expressions:
aller à l'Office de Tourisme; mettre de l'eau dans la casserole; aller au cinéma; trouver un bon restaurant; prendre des oeufs; aller au bal.

1 Qu'est-ce qu'il faut faire pour voir un film?
2 Qu'est-ce qu'il faut faire pour faire une omelette?
3 Qu'est-ce qu'il faut faire pour avoir la liste des hôtels?
4 Qu'est-ce qu'il faut faire pour danser?
5 Qu'est-ce qu'il faut faire pour bien manger?
6 Qu'est-ce qu'il faut faire pour cuire des pommes de terre?

3

People keep asking you for things. Tell them where they have to go to get them. Start your answers **Vous devez aller** . . .
J'ai faim — **Vous devez aller au restaurant.**

1 J'ai besoin de timbres.
2 Je voudrais un plan de la ville.
3 Je voudrais marcher sur les quais de la Seine.
4 Je voudrais acheter du pain.
5 Je voudrais voir un bon film.

6 Je voudrais prendre un train.

7 Je voudrais de l'aspirine.

8 Je veux dormir.

4

Yes I must . . .

Comment! Vous partez? — **Oui, je dois partir.**

1 Comment! Vous travaillez toujours?

2 Comment! Vous cherchez un appartement?

3 Comment! Vous téléphonez à New York?

4 Comment! Vous chantez à la cathédrale?

5 Comment! Vous mangez à onze heures?

6 Comment! Vous parlez en public?

5

You've just met a Parisian who has never been further south than Orly airport. Try to persuade him to go to the South of France (**dans le Midi**).

Vous	(is he going on holiday?)
L'homme	Mais oui.
Vous	(well, he ought to go to the south! Why not?)
L'homme	Bonne idée! Qu'est-ce que je dois voir?
Vous	(he must go to Marseille)
L'homme	Marseille? Pourquoi?
Vous	(it's a very interesting town; he must see the old port. Does he have a car?)
L'homme	Mais non.
Vous	(he ought to rent a car)
L'homme	En effet, on est beaucoup plus libre. Qu'est-ce qu'il faut voir?
Vous	(oh, it's a beautiful region — what does he like to see?)
L'homme	J'aime surtout visiter les villes historiques.
Vous	(then he should go to Aigues-Mortes and Nîmes, and he absolutely *must* visit Arles. He should go to Aix too, it's very beautiful. He's got everything in Provence — sea, sun, countryside, good wines—) C'est décidé — je vais en Provence en mai.

6

Dominique rings you up on Monday morning.

Dominique	On peut sortir cet après-midi?
Vous	(sorry, no, you have to work. Maybe this evening?)
Dominique	Ah non, ça ne va pas, je vais voir mes parents. Demain, ça va?
Vous	(no, you have to go to dinner at Aunt Maud's)

Dominique	Oh! la, la! C'est très compliqué! Alors, mercredi?
Vous	(you're thinking of staying at home. There's a good film on television)
Dominique	Ah oui? Quel film?
Vous	('Meudon and Gomorrhe' with Colette Chanvre. Tell Dominique she *must* see it)
Dominique	Oh, ce film, il est extra.
Vous	(you know. And you love Colette Chanvre)
Dominique	Alors, est-ce que vous êtes libre jeudi?
Vous	(yes, Thursday's all right)
Dominique	Alors venez chez moi: je vais inviter Marc et Mireille; on peut jouer au bridge.
Vous	(you *love* playing bridge)
Dominique	Alors, c'est entendu pour jeudi soir?
Vous	(yes, at what time? At half past eight?)
Dominique	C'est parfait.
Vous	(thanks. Till Thursday)

A propos . . .

L'omelette is basically one of the simplest ways to cook eggs and perhaps because of this there are endless variants — and endless disagreement over the way to make a "proper" omelette. For years the perfect omelette was supposed to be found in Mme Poulard's restaurant on Mont Saint-Michel. In 1922 the cookery writer Viel persuaded Mme Poulard to part with her recipe but, as you can see from her letter, either she wasn't giving any secrets away, or omelettes are a question of knack and experience.

> Monsieur Viel,
> Voici la recette de l'omelette : je casse de bons oeufs dans une terrine, je les bats bien, je mets un bon morceau de beurre dans la poêle, j'y jette les oeufs et je remue constamment. Je suis heureuse, monsieur, si cette recette vous fait plaisir.
>
> Annette Poulard

Electricity

Depending on the region in France and the age of the building, electricity may be 220 or 110 volts, and virtually all plugs and sockets are two-prong. So if you want to take your electric razor or hair dryer, remember three things:

1 make sure the appliance adjusts to different voltages.

2 make sure it has a two-prong plug; if it still doesn't fit, most French electricians can sell you a suitable cord and plug.

3 if in doubt, ask what the voltage is: *Quel est le voltage ici?* Or *C'est du 220 (deux cent vingt)?*

Le Cours Mirabeau is the broad, tree-shaded main street in Aix-en-Provence. In many towns in the South of France the main street is called *le cours,* like *il corso* in Italy.

Extra-frais

While **extra** is a legitimate prefix in words like *extraordinaire,* or *extra-terrestre,* it also crops up as Franglais, along with *super: extra-bon marché, super-chic.* Sometimes it's even used on its own: *c'est extra!* (it's great!)

Saying what you normally do

Je	travaille	Nous	travillons	Vous	travaillez
	termine		terminons		terminez

In the following pages you will learn how to use more verb forms: *je, nous, vous* forms in the present tense. You will use high frequency verbs like *avoir, être, aller, faire, dire* and regular *-er* verbs.

You will also expand your ability to understand expressions of time and you will use *depuis* with the present tense.

Madeleine, a teenager, is on the telephone to a friend.

Madeleine   Je prends cinq médicaments par jour. Je dors dix heures. Je ne mange pas de viande. Je ne bois pas d'alcool. Je vais au lit de bonne heure. Je n'achète jamais de gâteaux. J'utilise toutes sortes de crèmes de beauté. Sans résultant. (*She hangs up and we see her face is covered with spots.*)
Later at the doctor's

Le docteur   Quel âge avez-vous?

Madeleine   J'ai dix-huit ans.

Le docteur   Et vous dormez bien?

Madeleine   Oui, je dors très bien,dix heures par nuit.

Le docteur   Vous mangez beaucoup de pâtisseries?

Madeleine   Non, je ne mange jamais de gâteaux.

Le docteur   Combien de médicaments prenez-vous?

Madeleine   Cinq par jour, docteur.

Le docteur   Bien, bien. Je vois, je vois. Nous allons essayer cette crème. (*He produces a cream.*) Cette crème est nouvelle. C'est une crème aux hormones. Elle fait des miracles! (*Madeleine starts to apply it*)
A week later. Madeleine is at the doctor's again. She is crying. Her skin is perfect, but she has a week-old beard.

Le docteur   Mais pourquoi pleurez-vous? Evidemment, c'est surprenant, mais . . .

Madeleine	Il faut faire quelque chose, docteur.
Le docteur	C'est simple: voici un rasoir. (*He gives her a razor*)
Madeleine	Quoi! C'est absurde, docteur.
Le docteur	Je ne vois pas pourquoi. Je me rase chaque jour et ma peau est parfaite!

Expressions

par jour	*daily*
crème aux hormones	*hormone cream*
je ne vois pas pourquoi	*I don't see why*
je me rase chaque jour	*I shave every day*

Explanations

1

I/We

je (j')	travaille termine aime		nous	travaillons terminons aimons

The part of the verb that goes with **nous** always ends in -**ons**:
nous travaill**ons**, nous termin**ons**, nous dev**ons**, nous pren**ons**. The only exception is être — nous **sommes.**

2
You

With **vous** the ending is -**ez**:
vous travaill**ez**, vous termin**ez**, vous dev**ez**, vous pren**ez**; with three exceptions:

être	vous **êtes**
faire	vous **faites**
dire	vous **dites**

When the informal form **tu** is used (see note in *A propos*) the verb is usually pronounced the same as the **je** form (though the written form usually ends in an –**s**).
Note these important exceptions:

avoir:	j'ai	tu **as**
être:	je suis	tu **es**
aller:	je vais	tu **vas**

So with regular verbs like *aimer, donner, travailler, arriver,* etc., the pattern is very simple:

aimer

j'aime	nous aim**ons**
tu aim**es**	vous aim**ez**

donner

je donne	nous donn**ons**
tu donn**es**	vous donn**ez**

3

Saying where you live

To say where you live use **habiter**. With the name of your town, **à** is optional:

J'habite	une maison un appartement (à) Aix-en-Provence

4

Him/her/them

In sentences like "I like him," use **le, la** or **les**

Je cherche Paul	Je **le** cherche
Je cherche Virginie	Je **la** cherche
Je cherche Paul et Virginie	Je **les** cherche

In the same way *us* is **nous**, *you* is **vous** and *me* is **me**

Vous **nous** invitez à manger	You invite *us* to a meal
Juliette, je **vous** aime	Juliette, I love *you*
Elle **m'** aime	She loves *me*

5

Expressing time

When things happen regularly, the idea of "in" or "on" is contained in **le** or **la**.

With times of day:		With days of the week:	
le matin	*in the morning(s)*	**le lundi**	*on Monday(s)*
l'après-midi	*in the afternoon(s)*	**le mardi**	*on Tuesday(s)*
le soir	*in the evening(s)*		
la nuit	*at night(s)*		

Je travaille **le matin** de huit heures à deux heures.
I work in the morning from 8 till 2.
Je vais au cinéma **le lundi.**
I go to the movies on Mondays.

6

Par

To say how frequently things happen in a period of time use **par**:

Je prends cinq médicaments **par** jour.	*I take five sorts of medicine a day.*
Je travaille quarante heures **par** semaine.	*I work 40 hours a week.*
J'ai quatre semaines de vacances **par** an.	*I have 4 weeks holiday a year.*

7

Depuis

To express a period of time up to and including the present moment, use **depuis** and the present tense. In English a past tense would be used.

Vous habitez Aix **depuis longtemps?**	*Have you been living in Aix long?*
J'habite Aix **depuis** trois ans	*I've lived in Aix for three years*
J'attends depuis vingt minutes	*I've been waiting for twenty minutes*
Je suis à Paris **depuis** samedi	*I've been in Paris since Saturday*

1*

Two people in Aix-en-Provence talk about their working conditions.
First, Dominique talks to Mademoiselle Reislinger, who works in the
tourist office.

Dominique	Mademoiselle Reislinger, vous êtes aixoise?
Mlle Reislinger	Non, je suis lorraine.
Dominique	Mais vous habitez Aix?
Mlle Reislinger	Oui, j'habite Aix depuis bientôt cinq ans.
Dominique	Vous habitez seule ou avec votre famille?
Mlle Reislinger	J'habite seule à Aix.
Dominique	C'est une maison ou un appartement?
Mlle Reislinger	Non, c'est un petit studio.
Dominique	Quel âge avez-vous?
Mlle Reislinger	J'ai vingt-trois ans.
Dominique	Quelle est votre profession?
Mlle Reislinger	Je suis hôtesse d'accueil.
Dominique	Où travaillez-vous?
Mlle Reislinger	Je travaille à l'Office Municipal du Tourisme.
Dominique	Quelles sont vos heures de travail?
Mlle Reislinger	Je travaille six heures par jour, soit le matin, soit l'après-midi.
Dominique	Vous faites la journée continue?
Mlle Reislinger	Oui, c'est cela.
Dominique	Vous travaillez de quelle heure à quelle heure?
Mlle Reislinger	Quand je travaille le matin, je commence à huit heures et je termine à deux heures, et quand je travaille l'après-midi, je commence à une heure et je termine à sept heures.
Dominique	Et où mangez-vous?
Mlle Reislinger	Je mange la plupart du temps à l'Office du Tourisme.
Dominique	Jamais au restaurant?
Mlle Reislinger	Non, parce que je n'ai pas le temps. Mais quand je travaille l'après-midi, je mange quelquefois chez moi.
Dominique	Combien de semaines de vacances avez-vous?
Mlle Reislinger	J'ai environ quatre semaines de vacances par an.
Dominique	Et où allez-vous?
Mlle Reislinger	Je préfère aller au bord de la mer.
Dominique	Vous n'allez pas à l'étranger?
Mlle Reislinger	Non, très rarement.
Dominique	Vous aimez voyager?
Mlle Reislinger	J'aime beaucoup voyager, mais je n'ai jamais suffisamment de temps pour le faire.
Dominique	Et vous aimez votre travail, Mademoiselle Reislinger?
Mlle Reislinger	Oui, j'aime beaucoup mon travail. Il est très distrayant, et je rends service aux gens.

Dominique	Bon, je vous remercie beaucoup.
Mlle Reislinger	Je vous en prie.

2

Next, she saw M. Pierre, a site-overseer, recently arrived from Paris.

Dominique	Monsieur Pierre, vous êtes aixois?
M. Pierre	Non, je ne suis pas aixois. Je suis parisien.
Dominique	Et vous habitez Aix?
M. Pierre	J'habite Aix depuis huit mois.
Dominique	Quelle est votre profession?
M. Pierre	Je suis coordinateur de travaux.
Dominique	Quels sont vos horaires de travail?
M. Pierre	Je commence à sept heures le matin jusqu'à midi, je reprends à deux heures et demie jusqu'à cinq heures.
Dominique	Vous ne faites pas la journée continue?
M. Pierre	Non, je ne fais pas la journée continue.
Dominique	Où mangez-vous à midi?
M. Pierre	Je mange au restaurant.
Dominique	Vous ne rentrez pas chez vous?
M. Pierre	Non, je ne rentre pas chez moi.
Dominique	Vous préférez le restaurant?
M. Pierre	Je ne préfère pas le restaurant, mais je suis obligé de manger au restaurant pour mon travail.
Dominique	Combien d'heures faites-vous par semaine?
M. Pierre	Quarante heures, quelquefois beaucoup plus.
Dominique	Vous prenez des vacances?
M. Pierre	Oui.
Dominique	Combien de semaines par an?
M. Pierre	J'ai quatre semaines par an.
Dominique	Et où allez-vous?
M. Pierre	Je vais à la campagne.
Dominique	Dans quelle région?
M. Pierre	Dordogne, Gironde beaucoup, et puis maintenant je reste sur la côte.
Dominique	A cause du soleil?
M. Pierre	A cause du soleil, oui.
Dominique	Monsieur Pierre, vous aimez votre travail?
M. Pierre	Oui, j'aime beaucoup mon travail.
Dominique	Et pourquoi?
M. Pierre	Parce que je suis toujours à l'air.
Dominique	Et vous aimez le soleil!
M. Pierre	Enormément.
Dominique	Je vous remercie.

Expressions

j'habite Aix depuis bientôt cinq ans	*I have been living in Aix for almost five years* (see note p. 18)
vos heures de travail	*your working hours*
soit le matin, soit l'après-midi	*either the morning or the afternoon*
la plupart du temps	*mostly, most of the time*
vos horaires de travail	*your working hours*
je reprends	*I start again*
je suis toujours à l'air	*I'm always in the open air* (more usual: je suis toujours en plein air)

Exercises

1

People are sometimes eccentric . . . and you're surprised.
Je vais au Pôle Nord demain. — Comment? **Vous allez** au Pôle Nord?

1 Nous prenons le bus à six heures du matin.
2 Je cherche un couturier pour chiens.
3 Nous dînons toujours à minuit.
4 J'achète régulièrement 'la Pravda'.
5 Nous faisons une omelette aux escargots.
6 Nous allons danser dans le parking.
7 Je joue de la trompette dans la salle de bains.
8 Je déteste tout le monde.

2

Now some questions about your family's habits. You answer for yourself and your family:
Vous allez quelquefois en France? — **Nous allons** souvent en France.

1 Vous achetez quelquefois *Le Monde?*
2 Vous prenez quelquefois un petit cognac?
3 Vous faites quelquefois des omelettes?
4 Vous arrivez quelquefois en retard?
5 Vous mangez quelquefois au restaurant?
6 Vous visitez quelquefois les musées?
7 Vous travaillez quelquefois à la maison?
8 Vous jouez quelquefois au Scrabble?

3

You're a very social animal. A colleague is asking you about your many friends. Tell him when you see them. Quand est-ce que vous voyez Elizabeth? (souvent) Je *la vois souvent.*

1 Et Pierre? *(quelquefois)*
2 Et les Thibault? *(le lundi)*
3 Et Marianne? *(ce soir)*

4 Et Claudette? *(demain)*
5 Et le patron? *(rarement)*
6 Et Jacqueline? *(tous les jours)*

4

Your name is Danielle Monge, you're single, 34 years old and you've been an architect for six years. You came to live in Salon-de-Provence six months ago. You love the town and the region and in your spare time you play tennis. You like listening to modern music, but you don't much like reading.

1 Comment vous appelez-vous?
2 Quel âge avez-vous?
3 Que faites-vous dans la vie?
4 Vous faites ça depuis longtemps?
5 Depuis quand est-ce que vous habitez Salon-de-Provence?
6 Aimez-vous la région?
7 Que faites-vous pendant votre temps libre?
8 Et à part le sport, vous aimez la musique?
9 Est-ce que vous aimez lire?
10 Vous êtes mariée, célibataire?

5

Now Dominique is giving *you* the full interview treatment:

Dominique	Vous êtes de Montpellier?
Vous	(no, you're from Dieppe)
Dominique	Depuis quand êtes-vous à Montpellier?
Vous	(you've lived in Montpellier for four years)
Dominique	Et qu'est-ce que vous faites dans la vie?
Vous	(you work in a bank)
Dominique	Quelles sont vos heures de travail?
Vous	(you start at 8:30, and you finish at noon)
Dominique	Et pour manger?
Vous	(you eat at home)
Dominique	Très bien. Et l'après-midi?
Vous	(in the afternoon you work from 2 till 6)
Dominique	Vous aimez votre travail?
Vous	(you like it a lot)
Dominique	Et vos soirées?
Vous	(you often go to the movies; sometimes you go to a restaurant)
Dominique	Et pendant les vacances?
Vous	(you go to the sea with friends)
Dominique	Ah? Vous aimez nager?
Vous	(you don't swim; you prefer the beach)

Dominique	Qu'est-ce que vous faites sur la plage?
Vous	(sometimes you all play volleyball, but *you* like reading)
Dominique	Et le soir?
Vous	(you all go dancing)
Dominique	Des vacances agréables!
Vous	(for you, ideal holidays)
Dominique	Très bien. Est-ce que vous avez encore cinq minutes?
Vous	(terribly sorry, you have to go to the bank)
Dominique	Excusez-moi. Merci beaucoup.
Vous	(don't mention it. Goodbye)

A propos . . .

Tu

When two people are old friends, they might say, *"Tu ne manges plus, tu ne bois plus,"* using the familiar, friendly *tu*. *Tu* is the normal "you" form of address used between members of a family or between close friends of the same age. It is also used to show solidarity and camaraderie — among students, or on the factory floor — and generally speaking, the younger people are, the more frequently they will use *tu* — even after only a short acquaintance.

The best strategy for foreigners is to start off using the *vous* form and let their French friends take the initiative in moving on to *tu*.

Incidentally, asking people to explain the difference between *tu* and *vous* is a sure-fire way of keeping conversation lively.

Le studio isn't a large room with north light and an easel — that would be *l'atelier*. *Un studio* is simply a one-room apartment.

La journée continue

Many French workers (and incidentally many shops) have surprisingly long lunch breaks — usually two hours from mid-day to 2 pm — to allow them to go home for *le déjeuner,* or *le repas de midi*. Of course, this time has to be made up somewhere, so that on the whole people tend to start work earlier and finish later in France than in America. But recently, partly as a result of organization and method studies, and more probably because of the greater travelling time needed by people from the new outer suburbs, there has been a tendency for larger firms to adopt *la journée continue*. A literal translation might suggest non-stop work, but the reality is less sinister: *la journée continue* implies a working day with a short lunch-break taken at work or in neighboring restaurants. Obvious advantages of this system are that people can go home earlier and spend less time travelling to and fro — but there are still many adherents to the traditional, though inconvenient, *repas à la maison*.

Saying what other people do

il/elle	marche tombe habite

ils/elles	marchent tombent habitent

In this chapter you will learn how to expand verbs into the third person: -er verbs and common irregular verbs.

A man is coming down a staircase very insecurely.

Presenter	Regardez cet homme! Il a peur de quelque chose. *The man hesitates more and more.*
Presenter	Il tombe souvent! *Suddenly he slips and falls down the stairs.*
Presenter	Il glisse. Des chaussures de mauvaise qualité glissent toujours. *A woman comes down the stairs, very self-assured.*
Presenter	Elle marche, elle court, elle ne glisse pas, elle ne glisse jamais. Et elle n'a pas peur. Avec des chaussures de bonne qualité c'est la sécurité. *We see a crowd of people putting on "Quality Shoes" then coming confidently down the stairs.*
Presenter	Maintenant ils descendent. Ils ne glissent jamais. Qualité égale sécurité. Sécurité égale joie de vivre. *The first man puts on a pair of "Quality Shoes" and comes confidently down the stairs.*
Presenter	Maintenant il est sûr de lui. Il n'a plus peur. C'est la sécurité parfaite! Et la sécurité c'est la joie de vivre.

Expressions

il a peur de quelque chose	*he's afraid of something*
il est sûr de lui	*he's sure of himself*
qualité égale sécurité	*quality means safety* (lit. *equals*)
la sécurité c'est la joie de vivre	*safety is the spice of life*

1

He/she/they

The part of the verb used with **il** or **elle**, whether referring to people or things, usually sounds the same as the **je** form, and often it looks like it too:

je donne	il donne
j'achète	il achète
je travaille	il travaille

For plurals — **ils, elles, Paul et Virginie, les étudiants, les photos** — the sound is the same, but the written form ends in —**nt**:

je donne	ils donne**nt**
j'achète	Paul et Virginie achè**tent**
je travaille	mes parents travaille**nt**

The verbs above are "regular" — i.e., learn one and you know how hundreds of others work: and remember, the pronunciation is the same for all the forms except **nous** or **vous**:

je donne	nous donnons
tu donnes	vous donnez
il ⎱ donne elle ⎰	ils ⎱ donnent elles ⎰

As usual, **avoir, être, aller** and **faire** have special forms:

j'**ai**	il **a**	ils **ont**
je **suis**	Renard **est**	elles **sont**
je **vais**	elle **va**	les étudiants **vont**
je **fais**	il **fait**	elles **font**

Some other commonly used verbs are also "irregular." Notice that even here the **je** and **il/elle** forms are always pronounced the same:

je veux	il veut	ils veulent	*(want)*
je peux	il peut	ils peuvent	*(can)*
je dois	il doit	ils doivent	*(must)*
je sors	il sort	ils sortent	*(go out)*
je viens	il vient	ils viennent	*(come)*
je prends	il prend	ils prennent	*(take)*
je dors	il dort	ils dorment	*(sleep)*
je bois	il boit	ils boivent	*(drink)*

For a fuller list of "irregular" verbs see pp. 136-137.

2

Ils or elles?

The word for *they* is **elles** if *they* are all feminine. If they are all masculine or if they are mixed then it's **ils**:

Anne et Virginie aiment le tennis. **Elles** l'aiment.
Paul et Virginie aiment le football. **Ils** l'aiment.

3

Les femmes ne font rien. Elles ne travaillent jamais.

You already know the negatives **ne . . . pas** and **ne . . . plus.**
Other negative words are:

jamais   *never*
rien   *nothing*

Je **ne** vais **jamais** au théâtre.
Le dimanche je **ne** fais **rien.**

Rien can also be the subject of a sentence, but the **ne** still comes before
the verb:

Rien n'est facile dans la vie.

And, of course, in casinos:

Rien ne va plus! (i.e., no more bets).

1*

*Family life is the theme of this set of interviews. First of all, in Dijon,
Annick talks to Madame Cortet.*

Annick	Nous sommes chez Monsieur et Madame Cortet à Dijon. Ils habitent une très grande maison rue de Metz. Monsieur Cortet est médecin à l'hôpital et professeur à la faculté. Madame Cortet reste à la maison, n'est-ce pas Madame Cortet? Combien d'enfants avez-vous?
Mme Cortet	J'en ai onze.
Annick	Onze! Oh! La, la! Et quel âge ont-ils?
Mme Cortet	Ils ont entre vingt-huit et dix ans.
Annick	Et ils sont tous à la maison?
Mme Cortet	Non, euh, j'ai deux filles mariées.
Annick	Et elles ont des enfants?
Mme Cortet	Oui, chacune a une fille.
Annick	Et vous avez deux petites-filles donc.
Mme Cortet	J'ai donc deux petites-filles.
Annick	Et les autres vont tous à l'école?
Mme Cortet	Oui, la plus jeune — Marie — est à l'école primaire, euh, quatre enfants sont au lycée, une fille fait ses études d'infirmière, un garçon va faire son service militaire. François est étudiant en médecine, euh, Odile travaille au musée archéologique.
Annick	Et tout ça, ça fait onze enfants?
Mme Cortet	C'est tout, je crois.

2*

Then, in Aix, Georges talks to Madame Lazerges, who runs a bookshop with her husband.

Georges	Madame Lazerges, vous êtes d'Aix-en-Provence?
Mme Lazerges	Non, je suis d'Algérie.
Georges	Mais vous habitez Aix?
Mme Lazerges	Oui, j'habite Aix depuis un an.
Georges	Vous êtes mariée, bien sûr; est-ce que vous avez des enfants?
Mme Lazerges	Oui, j'ai deux enfants.
Georges	Quel âge ont-ils, Madame Lazerges?
Mme Lazerges	Le garçon a vingt ans, la fille dix-sept ans.
Georges	Et que font-ils?
Mme Lazerges	Ma fille va au lycée, mon fils est dans une école d'ingénieurs.
Georges	A Aix-en-Provence?
Mme Lazerges	Ma fille est à Aix, mon fils est à Paris.
Georges	A Paris?
Mme Lazerges	Oui.
Georges	Et votre mari, il est d'Aix-en-Provence?
Mme Lazerges	Non, il est d'Alger.
Georges	Où travaille-t-il?
Mme Lazerges	Il travaille avec moi dans la librairie.
Georges	Votre mari travaille les mêmes heures que vous?
Mme Lazerges	Non. Nous avons des horaires différents. Moi, je travaille plus tôt le matin, et lui, plus tard le soir.

3*

Still in Aix, Madame Zablowski tells Dominique about her family.

Dominique	Comment vous appelez-vous, Madame?
Mme Zablowski	Anne-Marie Zablowski.
Dominique	Vous êtes aixoise, Madame?
Mme Zablowski	Non, je suis lyonnaise, mais j'habite Marseille.
Dominique	Vous êtes mariée?
Mme Zablowski	Oui.
Dominique	Que fait votre mari?
Mme Zablowski	Mon marie est employé dans une banque.
Dominique	Quelles sont ses heures de travail?
Mme Zablowski	Il travaille de huit heures à midi et de deux heures à dix-huit heures trente.
Dominique	Il déjeune à la maison?
Mme Zablowski	Oui, il préfère manger à la maison.
Dominique	Et combien de semaines de vacances a-t-il par an?
Mme Zablowski	Quatre semaines — environ un mois.

Dominique	Vous avez des enfants, Madame Zablowski?
Mme Zablowski	Oui, j'ai cinq enfants.
Dominique	Quel âge ont-ils?
Mme Zablowski	Dix-huit, quinze, treize, deux fois treize parce qu'il y a des jumelles, et dix ans.
Dominique	C'est une belle famille. Et qu'est-ce qu'ils font?
Mme Zablowski	L'aîné va passer son baccalauréat D', la seconde prépare son brevet, les jumelles sont en quatrième, et le dernier est encore dans le primaire.
Dominique	Donc ils sont tous à l'école?
Mme Zablowski	Tous.
Dominique	Madame Zablowski, avec cinq enfants, vous devez aimer les grandes familles?
Mme Zablowski	Oui, beaucoup.
Dominique	Et pourquoi?
Mme Zablowski	C'est vivant, c'est joyeux, la maison est pleine de rires.
Dominique	Je vous remercie beaucoup, Madame.

Expressions

j' en ai onze	*I've eleven*
la plus jeune	*the youngest girl*
les jumelles sont en quatrième	*the twins are in the third year* (see note p. 31)
et lui, plus tard le soir	*and he works later in the evening*

Exercises

1

Someone keeps asking you when people are going to do things. You answer that they're doing them now.

Quand est-ce qu'ils vont sortir? — Ah! **Ils sortent** maintenant.

1 Quand est-ce qu'ils vont partir?
2 Quand est-ce qu'il va chanter?
3 Quand est-ce qu'ils vont faire la vaisselle?
4 Quand est-ce qu'ils vont téléphoner?
5 Quand est-ce qu'elle va rentrer du travail?
6 Quand est-ce qu'il va être à la maison?
7 Quand est-ce qu'elles vont terminer le repas?
8 Quand est-ce qu'il va faire beau?
9 Quand est-ce qu'ils vont être prêts?
10 Quand est-ce qu'ils vont prendre le thé?

2

Pairing people off. Use **ils** or **elles** as appropriate, and underline the point by adding **tous les deux** or **toutes les deux** (both).
Mme Bloc est riche. Et M. Xavier? **Ils sont** riches **tous les deux.**

1 Odile va en Italie. Et Georges?
2 Josée habite Aix. Et Irène?
3 Marc a faim. Et André?
4 M. Choron boit beaucoup. Et M. Bosse?
5 Marianne fait des études. Et Marcel?
6 Anne travaille au Prisunic. Et Sandrine?
7 Maurice parle anglais. Et Suzanne?
8 Grand-père dort l'après-midi. Et grand-mère?
9 Frédéric chante bien. Et Paulette?
10 Mlle Nymphe part à Biarritz. Et M. Magnac?

3

What about your family life? Tell the reporter all about it.

Reporter	Vous habitez Avignon?
Vous	(you've lived in Avignon for 15 years)
Reporter	Et qu'est-ce que vous faites comme travail?
Vous	(you're a teacher of English — at the lycée)
Reporter	Vous avez un appartement?
Vous	(no; you have a house near the station)
Reporter	Vous êtes célibataire?
Vous	(no; you're married; you've been married 20 years)
Reporter	Est-ce que vous avez des enfants?
Vous	(you've two girls and a boy)
Reporter	Quel âge ont-ils?
Vous	(the boy is 19, the girls 17 and 11)
Reporter	Et qu'est-ce qu'ils font?
Vous	(the boy is doing his military service)
Reporter	Très bien. Et les filles?
Vous	(Désirée is preparing for the baccalauréat. She wants to be a doctor.)
Reporter	Et la plus jeune?
Vous	(she's at the lycée, in the last year)
Reporter	Une belle famille. Vous partez en vacances ensemble?
Vous	(you don't go together any more)
Reporter	Ah?
Vous	(well — your son is doing his military service, and Désirée is 17 and she prefers to go away with friends. That's life, isn't it?)
Reporter	Bien sûr. Je vous remercie. Au revoir.
Vous	(you're welcome — goodbye)

4

A very persistent journalist has come to see you for an article about your sister, whose first novel has become a best-seller.

Journaliste	Votre soeur est très célèbre maintenant. Elle habite toujours chez vous?
Vous	(yes, but she isn't at home now — she's on vacation)
Journaliste	C'est un voyage spécial?
Vous	(no, she often goes to the country — just for a few days)
Journaliste	Ah? Elle est à l'hôtel?
Vous	(no; your family has a little house in the country)
Journaliste	C'est loin?
Vous	(very far. Your sister likes the simple life.)
Journaliste	Elle va à la campagne pour travailler?
Vous	(oh, she's always working. She prefers the country — it's a question of calm.)
Journaliste	Qu'est-ce qu'elle fait maintenant?
Vous	(she's beginning another book)
Journaliste	Ah oui? Quel est le titre de ce livre?
Vous	(you don't know, it's a secret)
Journaliste	C'est quel type de livre? Un roman?
Vous	(no, it's a history book)
Journaliste	Tiens, c'est intéressant. Vous savez quel est le sujet de ce nouveau livre?
Vous	(it's the life of Mme de Montespan)
Journaliste	Intéressant. Voulez-vous me donner l'adresse de votre maison. Je voudrais aller voir votre soeur.
Vous	(no, that's impossible. She's afraid of publicity . . . and she hates journalists.)

A propos . . .

Qualité égale sécurité

In slogans, and in newspaper headlines (e.g., "Vol audacieux), the article is often left out, to make the message more snappy.

Le service militaire

France still has compulsory national service for all able-bodied men. The period has varied over the years, and currently stands at 12 months. Most young conscripts go through the time-honored routine of field drills and boredom, but people with particular qualifications — teachers, young doctors, etc. — have an alternative: they can spend the period working (for nominal payment) in their particular professional field, usually in the developing countries. This system is known as **la coopération.**

Revue militaire

Secondary Education . . . Les jumelles sont en quatrième

French secondary education is organized as a six-year system; whereas in America classes are numbered upwards from 9–12, in France it's the other way around, so that 11-12 year olds are in *la classe de sixième* and then progress *en cinquième,* and so on. The minimum school-leaving age is 16, at which point students will, with luck, have passed *le brevet* — a general certificate. If the student decides to continue in the education system, there is the choice between various types of technical college (*collèges techniques*) leading to vocational examinations and qualifications like the various C.A.P. (*Certificats d'Aptitude Professionnelle*), or the more academic stream, usually through *le lycée.* In a lycée, students move up to *la classe de seconde* and finally *en première* in which they will sit for *le baccalauréat. Le baccalauréat* (or *bac*) is a stiff examination covering *all* school subjects — unlike our system. Students are, however, allowed to give more weight to the subject of their choice — for example, *le bac 'D'* being prepared by Mme Zablowski's son gives more importance to math and science.

16 Saying what you did

J'ai	**téléphoné** à Paris
	mangé un steak
	acheté des pommes

In this chapter you will begin to retell past events using the *passé composé* with *avoir*. In addition, you will begin to use direct object pronouns, including *en* with the perfect.

A girl interviewer in a TV studio. It's the grand finale of the éclair-eating contest.

Interviewer	J'ai passé la nuit à la grande finale du 'Concours Eclairs au Chocolat'. Depuis hier les concurrents mangent, mangent. C'est incroyable! (*To woman*) Madame, vous avez mangé combien d'éclairs?
La femme	J'ai mangé cent trois éclairs.
Interviewer	Et vous, monsieur, vous avez mangé combien d'éclairs?
L'homme	J'en ai déjà fini cent deux.
Interviewer	C'est fantastique!
	She passes on to two other contestants, one of whom has collapsed. The other is speechless. She returns to the man.
Interviewer	Et maintenant vous en avez mangé combien, monsieur?
L'homme	(*Proudly*) J'en ai mangé cent trois.
La femme	(*Triumphant*) Et moi, j'en ai mangé cent cinq!
L'homme	J'abandonne! J'ai perdu!
La femme	Alors, j'ai gagné.
Interviewer	Oui madame, vous avez gagné. (*Fanfare*) Et voici le grand prix. (*An assistant wheels in a small wagon.*) Cinq cents éclairs au chocolat!

Expressions

depuis hier les concurrents mangent	*the contestants have been eating since yesterday*
j'abandonne!	*I give up!*
le grand prix	*the first prize, the championship prize*

Explanations

What you did

To say what you did, or what happened – i.e., to talk about the past – use the parts of the verb **avoir** and the *past participle.* This corresponds to the English *I have eaten (bought, won, done, etc.)* and *I ate (bought, won, did, etc.).*

Verbs ending **-er** in the infinitive form the past participle with –é:

manger: **mangé** acheter: **acheté** gagner: **gagné**

J'ai Vous avez Nous avons Il/Elle a Ils/Elles ont	**acheté** du pain	*I have bought/I bought some bread .* *You have bought/you bought . . .* *We have bought/we bought . . .* *He/She has bought/he/she bought . . .* *They have bought/they bought . . .*

Some verbs form the past participle differently:

perdre: **perdu** finir: **fini** faire: **fait**

J'ai **perdu** mon billet de loterie.
I've lost my lottery ticket.

Mon frère a **fini** ses études à Paris.
My brother has finished his studies in Paris.

Vous avez **fait** bon voyage?
Have you had (lit. made) a good journey?

Note: In the verb list (pp. 135-137), past participles *not* formed like *manger – mangé* are shown like this: *dire* (**dit**).

2

Negatives

The two negative words go on either side of the **avoir** part of the verb:

pas   Il n'a **pas** acheté la voiture.
jamais   Ils n'ont **jamais** gagné à la loterie.
rien   Je n'ai **rien** trouvé au marché.

3

Word order

Le, la and **les**, representing people and things, come *before* the **avoir** part of the past tense. Consequently **le** and **la** become **l'**. (In this case the past participle behaves like an adjective, and shows the number and gender of *him, her, it,* etc. In most cases this does not affect how the participle is *pronounced,* but you will see it when written down.)

J'ai mangé **le pâté.**   Je l'ai mangé.
J'ai mangé **la tarte.**   Je l'ai mangée.
Il a mangé **les bananes.**   Il **les** a mangées.

4

En

En can be used to replace phrases introduced by **de** (or **du, de la, des**).

Je voudrais **du café.**   *I want some coffee.*
J'**en** voudrais.   *I want some.*
Avez-vous mangé **des escargots?**   *Have you eaten any snails?*
Oui, j'**en** ai mangé hier.   *Yes, I ate some yesterday.*

Je voudrais *beaucoup* **de café.**   J'**en** voudrais *beaucoup.*
Je voudrais *un kilo* **de café.**   J'**en** voudrais *un kilo.*
Je voudrais *trois tasses* **de café.**   J'**en** voudrais *trois tasses.*

En is also used with numbers as follows:

J'ai quatre billets.   J'**en** ai *quatre.*
J'ai mangé cent éclairs.   J'**en** ai mangé *cent.*

. . . and remember Mme Cortet in program 15:

Annick   *Combien* d'enfants avez-vous?
Mme Cortet   J'**en** ai *onze.*

5

A moi

Another way of saying something belongs to you is to use **à moi:**
Ce billet est **à moi.** *This ticket is mine.*

You can use **à nous** and **à vous** in the same way:

La voiture est **à nous.**   *The car is ours.*
Ce sac est **à vous,** madame?   *Is this bag yours, madam?*

1*

*Dominique has gone out to the market in Aix to ask shoppers what they
have bought, and what they think about the cost of living . . .*

Dominique   Pardon madame, vous venez de fair votre marché?
Une femme   Mais oui, vous voyez, je suis chargée.
Dominique   Qu'est-ce que vous avez acheté?
Une femme   Euh, des légumes, des courgettes, salade, tomates.
Dominique   De la viande?
Une femme   De la viande. Et quelques fruits.
Dominique   Est-ce que vous avez acheté du vin?
Une femme   Euh, non. De l'eau minérale aujourd'hui.

Dominique	Vous êtes combien dans la famille?
Une femme	Nous sommes deux — ma fille et moi.
Dominique	Combien vous avez dépensé, si ce n'est pas indiscret?
Une femme	J'ai dépensé environ trente francs.
Dominique	Vous trouvez ça cher?
Une femme	Pas tellement, c'est normal.
Dominique	Bon, je vous remercie beaucoup, madame. Au revoir madame.
Une femme	Au revoir mademoiselle.

2*

Dominique	Pardon mademoiselle, vous venez du marché?
Une jeune fille	Oui.
Dominique	Qu'est-ce que vous avez acheté?
Une jeune fille	De la viande, du pain, du poisson, des oeufs, des fromages, des gâteaux.
Dominique	C'est tout?
Une jeune fille	J'ai aussi acheté une robe et des chaussures.
Dominique	Et vous avez payé combien pour tout ça?
Une jeune fille	Pour la nourriture j'ai payé cinquante francs. Et pour la robe et les chaussures j'ai payé quatre cents francs.
Dominique	Vous trouvez que c'est cher?
Une jeune fille	Pour la nourriture, le prix est normal. Pour les chaussures et la robe, le prix est assez élevé, mais en France les chaussures et les vêtements sont chers, ce sont des produits de luxe. Donc les prix sont plus ou moins normaux.
Dominique	Vous êtes combien dans la famille?
Une jeune fille	Nous sommes quatre. Mon père, ma mère, ma soeur et moi.
Dominique	Je vous remercie beaucoup.

3

Dominique	Bonjour monsieur, qu'est-ce que vous avez acheté ce matin, s'il vous plaît?
Un homme	Ce matin, j'ai acheté deux oignons et j'ai acheté mon pain à la boulangerie . . . et des olives aussi.
Dominique	Est-ce que vous avez acheté du vin?
Un homme	Non, je n'aime pas le vin. Je n'achète jamais le vin.
Doninique	Combien vous avez dépensé aujourd'hui?
Un homme	Alors, aujourd'hui j'ai dépensé deux francs à peu près.
Dominique	Est-ce que vous trouvez ça cher?
Un homme	Non, non. Ça va. (*laughs*)
Dominique	Bon, je vous remercie.

4*

. . . and Georges Millot was checking in at his hotel.

Georges	Bonjour monsieur.
Le réceptionniste	Bonjour monsieur.
Georges	Monsieur, j'ai téléphoné hier et j'ai réservé une chambre.
Le réceptionniste	Oui monsieur, à quel nom, s'il vous plaît?
Georges	C'est au nom de Monsieur Millot.
Le réceptionniste	Monsieur Millot — un petit instant. (*Checks in reservation book*) Oui, effectivement monsieur. Vous avez réservé une chambre pour deux personnes avec salle de bains . . .
Georges	C'est cela, oui.
Le réceptionniste	. . . et vous comptez rester deux jours.
Georges	C'est ça.
Le réceptionniste	Oui, nous avons noté une réservation pour vous. Avez-vous des bagages, monsieur?
Georges	Oui, ils sont dans ma voiture.
Le réceptionniste	Bon. Désirez-vous mettre la voiture au garage?
Georges	Ah, vous avez un garage pour l'hôtel?
Le réceptionniste	Nous avons le garage en sous-sol. Voilà, monsieur. Vous avez fait bon voyage?
Georges	Oui. Très bien , je vous remercie.
Le réceptionniste	Pas trop de monde sur les routes?
Georges	Non, non, non, non.
Le réceptionniste	Eh bien, c'est parfait, monsieur. Je vous souhaite un bon séjour.
Georges	Je vous remercie, monsieur.

Expressions

vous venez de faire votre marché?	*have you just done your shopping?*
vous êtes combien dans la famille?	*how many of you are there in your family?*
nous sommes deux/trois	*there are two/three of us*
pas tellement	*not terribly*
ce sont des produits de luxe	*they're luxury goods*
à quel nom?	*in whose name?*
vous comptez rester deux jours	*you plan to stay two days*
en sous-sol	*in the basement*
vous avez fait bon voyage?	*did you have a good journey?*
je vous souhaite un bon séjour	*I wish you a good stay*

Exercises

1

There are certain things you'd like to do, and you'd prefer to have company. We show your intentions—you ask somebody else if they've already done whatever it is.

Je voudrais manger. **Vous avez déjà mangé?**

1 Je voudrais acheter un billet de loterie.
2 Je voudrais marcher sur les quais de la Seine.
3 Je voudrais danser le tango.
4 Je voudrais jouer au golf.
5 Je voudrais pique-niquer dans la forêt.
6 Je voudrais faire un voyage en Italie.
7 Je voudrais visiter la Maison de la Culture.
8 Je voudrais écouter de la musique moderne.

2

Say what you bought . . . and how much you paid. You can't resist buying all the items in the pictures.

J'ai acheté un poulet et j'ai payé vingt francs

1

2

3

4

5

6

7   Et combien avez-vous dépens en tout?

3

A friend is doing your shopping — but you forgot to put the quantities on the list. So she's checking with you. Tell her the quantities as in the example.

    Vous voulez du café? *(un kilo)* Oui, j'**en** voudrais un kilo.
1 Vous voulez des yaourts? *(trois)*
2 Vous voulez des sardines? *(deux boîtes)*
3 Vous voulez du vin? *(quatre bouteilles)*
4 Vous voulez du pâté? *(une tranche)*
5 Vous voulez du beurre? *(une livre)*
6 Vous voulez des citrons? *(six)*
7 Vous voulez de la moutarde? *(un pot)*
8 Vous voulez du lait? *(un litre)*
9 Vous voulez de la confiture? *(un pot)*
10 Vous voulez du rôti de boeuf? *(assez pour quatre personnes)*

4

Relaxed, in the evening . . . tell us about your day. (You will find a list of past participles not formed like *manger-mangé* on pp. 136-137.)

Nous	Qu'est-ce que vous avez fait ce matin?
Vous	(you did your shopping)
Nous	Et qu'est-ce que vous avez acheté?
Vous	(you bought meat, bread, salad and wine)
Nous	Combien de vin?
Vous	(you bought two bottles of red wine)
Nous	Pas d' eau minérale?
Vous	(darn! you forgot it!)
Nous	Tant pis. Et après le marché?
Vous	(you lunched at home, then you telephoned a girl friend)

Nous	Et l'après-midi?
Vous	(you worked in the garden)
Nous	Vous aimez jardiner?
Vous	(not much — but it *has* to be done)

5

You've just arrived at the hotel — sort things out with *le patron* . . .

Le patron	Bonjour, vous désirez?
Vous	(you reserved a room — you telephoned yesterday)
Le patron	Oui? C'est à que! nom?
Vous	(Dominique Béranger)
Le patron	Voyons . . . oui — Béranger: une chambre avec cabinet de toilette.
Vous	(but you reserved a room with a bathroom)
Le patron	Désolé, mais je n'en ai plus avec salle de bains.
Vous	(too bad — has he a room with a shower?)
Le patron	Hmm . . . oui: la chambre 22, au deuxième étage est avec douche. Ça va?
Vous	(perfect; it's for one person)
Le patron	Très bien. Vous restez combien de temps?
Vous	(you're thinking of staying three days)
Le patron	Vous êtes en voiture?
Vous	(yes — and you looked for the car park but you didn't find it)
Le patron	Pas de problème. Nous avons un garage juste derrière l'hôtel.
Vous	(thanks — till this evening!)
Le patron	De rien — à ce soir.

A propos . . .

Le tour de taille

Le tour de taille will, of course, be metric, so don't faint when your 24 inch waistline undergoes a sea-change and becomes 61 centimeters.

Other useful measurements for buying clothes are:

le tour de poitrine	*chest measurement*
le tour de hanches	*hip measurement*
la longueur de jambes	*leg length*

For shoes and gloves the size is *la pointure.* Unless you really know your size, the safest answer to the question *Quelle pointure?* is *Je ne sais pas!* The assistant will be able to measure you up . . . or make an accurate guess.

La loterie

Everyone living in France can indulge in weekly dreams of sudden wealth: all one has to do is buy a ticket in the national lottery — *la Loterie Nationale.* You can find tickets in any *bureau de tabac* or buy them from little old ladies at street-corner booths. There is a drawing every Wednesday, and winning numbers are published in all the next day's newspapers. After prize money is deducted, the considerable proceeds are shared by the State and various charitable organizations — mainly for child welfare and war-disabled. The amount of prize money varies from week to week: some special occasions, like Christmas or the National Day on July 14, are marked by specially high prizes. What you win depends on whether you buy a whole ticket (which can cost about 50 francs) or settle, more modestly, for a tenth share *(un dixième).*

Qui n'a pas son billet de loterie?

L'eau minérale

For a lot of French people it's a matter of principle not to drink water from the tap (*l'eau du robinet,* or *l'eau de la ville*); even though tap water in France is perfectly safe to drink, in some towns it is hard, and often chlorinated. Whatever the reason, mineral water, usually from mountain springs (which have to undergo regular checks by the health authorities), is big business in France, as a glance around any *supermarché* will show. *Les eaux minérales* do in fact vary quite noticeably from spring to spring: some are fizzy (*gazeuse*), others still (*non-gazeuse*), but most come from the mountains, particularly the Vosges and the Massif Central. Generally they are simply drunk as table waters, but there can be other reasons: *les eaux minérales* are often claimed to be good for the kidneys or the liver and they are often advertised as aids to slimming.

Le marché

In addition to the normal range of shops, all French towns have a street market *(un marché)* — sometimes covered or sometimes open-air. Market day (*le jour de marché*) is usually once or twice a week, and the market stalls — and very often the surrounding shops too — open as early as 5:30 or 6 a.m. So it's not surprising that many of them finish at lunch-time. One pleasant detail is that you won't normally be snapped at by stall holders if you choose your own individual pieces of fruit and vegetables.

A word of warning: special traffic regulations often apply on market days, so keep your eyes open for the traffic signs.

Un marché
à Marseille

Deux mille francs

Despite the monetary reform of 1958, whereby 100 francs became 1 franc (originally *"un nouveau franc,"* now just *"un franc"*), many people — and especially older ones — still talk in terms of the old currency. So don't be shocked when someone tells you she paid 2000 francs for a rabbit — she really means 20 francs.

Paul est allé **Anne est allée** **Paul et Anne sont allés**	à Paris

Next you will learn how to talk about the weather, while you continue to use the past, extending it to verbs conjugated with *être*.

Two women, Jacqueline and Nicole, meet in the street. Jacqueline is wearing dark glasses.

Jacqueline	Oh Nicole! Tu es revenue! Je suis contente de te revoir!
Nicole	Oui. Je suis arrivée hier soir. Tu sais, à Paris je suis allée au théâtre tous les soirs. Je suis aussi allée au cabaret, au Lido. J'ai visité les musées.
Jacqueline	Quel agréable séjour!
Nicole	Oui. Je suis allée au lit très tard tous les soirs. Georges est allé jouer au bridge et moi je suis allée dans toutes les petites boutiques. Ah, je suis épuisée!
Jacqueline	C'est merveilleux!
Nicole	Et toi, ma chérie. Tu es sortie cette semaine?
Jacqueline	Moi aussi, je suis sortie tous les soirs.
	Jacqueline takes off her glasses, revealing two black eyes.
Nicole	Mon Dieu! C'est horrible! Qui t'a fait cela?
Jacqueline	C'est mon mari.
Nicole	Ton mari? Mais, il n'est pas parti à Londres?
Jacqueline	Si, mais il est revenu hier soir, malheureusement!

Expressions

je suis contente de te revoir	*I'm glad to see you again*
qui t'a fait cela?	*who did that to you?*
Il n'est pas parti à Londres?	*hasn't he gone to London?*

Explanations

Where you went

With a small group of verbs expressing the general idea of *movement* you must use **être** instead of *avoir* to make the past tense. The main verbs you will need to use in this group and their past participles are:

Aller — allé *(go)*	rester — resté *(stay)*
monter — monté *(go up)*	venir — venu *(come)*
entrer — entré *(go in)*	revenir — revenu *(come back)*
arriver — arrivé *(arrive)*	devenir — devenu *(become)*
passer — passé *(pass)*	descendre — descendu *(go down)*
tomber — tombé *(fall)*	sortir — sorti *(go out)*
rentrer — rentré *(go back, go home)*	partir — parti *(leave)*
retourner — retourné *(return)*	

With all these verbs the past participle behaves like an adjective — i.e., it agrees (but this does not affect the pronunciation of any of the past participles above).

Pierre est **allé** à la montagne.
Jacqueline est **allée** avec lui.
Les garçons sont **allés** à la piscine.
. . . et **les jeunes filles** sont **restées** à la maison.

2

Partir/aller

Aller means "to go" and *partir* "to go away" or "to leave." In many cases they are interchangeable:

Pierre est	allé	en vacances
	parti	à Paris
		en Angleterre

With *aller*, however, you have to say *where* someone has gone — i.e., it can't be used on its own. So *he has gone* is always **il est parti**.

3

Expressions of place are replaced by **y**:

Vous allez à **Paris?**	Oui, j'**y** vais.
Vous habitez **Aix-en-Provence?**	Oui, j'**y** habite.
Michel est allé à **la gare?**	Oui, il **y** est allé.
Marie est arrivée **chez le dentiste?**	Oui, elle **y** est arrivée.
Les filles sont entrées **dans la boutique?**	Oui, elles **y** sont entrées.
Le chien reste **sous la table?**	Oui, il **y** reste.
L'autobus passe **devant la mairie?**	Oui, il **y** passe.

4

The weather

It is always **il** in expressions describing the weather:

il fait beau	*it's fine*
il fait mauvais	*it's nasty*
if fait beau temps	*it's fine weather*
il a fait une belle journée	*it was a fine day*
il fait chaud	*it's hot*
il fait froid	*it's cold*

1*

It had been a gloriously sunny spring weekend in Aix-en-Provence, so on Monday morning Dominique went out and stopped passers-by in the street to ask how they had spent their Sunday.

Dominique	Bonjour madame.
Une femme	Bonjour madame.
Dominique	Nous faisons une enquête sur les Français et les dimanches. Est-ce que vous êtes sortie hier ou vous êtes restée à la maison?
Une femme	Euh, hier je suis sortie.
Dominique	Et où êtes-vous allée?
Une femme	Je suis allée à la mer.
Dominique	Vous y êtes allée seule?
Une femme	Oui, j'y suis allée seule en voiture. Et je suis partie samedi. J'ai couché chez des amis et puis je suis rentrée hier dans l'après-midi — hier, dimanche, dans l'après-midi.
Dominique	Est-ce que vous sortez tous les dimanches?
Une femme	Oui, euh, je vais surtout à la campagne, à la mer, à la montagne, enfin — un peu au ski aussi . . . faire du ski, mais . . .
Dominique	Et vous préférez la campagne?
Une femme	Ah, je préfère . . . j'aime beaucoup la campagne.
Dominique	Voilà. Je vous remercie beaucoup.
Une femme	Je vous en prie.

2

Dominique	Bonjour monsieur.
Un homme	Bonjour.
Dominique	Nous faisons une enquête sur les Français et leurs dimanches. Est-ce que vous êtes sorti hier ou vous êtes resté à la maison?
Un homme	Hier, je suis sorti. Je suis allé à la campagne, dans la région d'Aix-en-Provence.
Dominique	Oui, vous êtes parti en voiture ou en car?

Un homme	En voiture.
Dominique	Vous y êtes allé seul?
Un homme	Non, j'y suis allé avec des amis et ma femme.
Dominique	Vous êtes partis à quelle heure à peu près?
Un homme	Nous sommes partis vers quinze heures.
Dominique	Et vous êtes rentrés à quelle heure?
Un homme	Nous sommes rentrés à dix-huit heures le soir.
Dominique	Il a fait beau?
Un homme	Il a fait une journée très belle.
Dominique	Vous sortez tous les dimanches?
Un homme	Non, seulement quand il fait beau et quand nous ne sommes pas trop occupés.
Dominique	Bon. Je vous remercie beaucoup.

3*

Dominique	Bonjour mademoiselle.
Une jeune fille	Bonjour.
Dominique	Nous faisons une enquête sur les Françaises et les dimanches. Où êtes-vous allée hier?
Une jeune fille	Hier, je suis partie, je suis allée à O.K. Corral.
Dominique	Vous êtes partie à quelle heure le matin?
Une jeune fille	Je ne suis pas partie le matin; je suis partie l'après-midi vers deux heures et demie.
Dominique	Oui, et vous êtes rentrée à quelle heure le soir?
Une jeune fille	Je suis rentrée . . . vers sept heures.
Dominique	Vous êtes allée seule?
Une jeune fille	Non, je suis allée avec mon frère et des amis.
Dominique	Vous êtes allés en voiture?
Une jeune fille	Oui, nous sommes allés en voiture.
Dominique	Vous avez passé une bonne journée?
Une jeune fille	Très bonne, une très bonne journée.
Dominique	Est-ce que vous sortez tous les dimanches?
Une jeune fille	En général, oui, quand je n'ai pas trop de travail.
Dominique	Est-ce que vous allez toujours à O.K. Corral?
Une jeune fille	Non.
Dominique	Vous allez où?
Une jeune fille	Je vais soit au cinéma, soit je sors avec des amis, soit . . .
Dominique	Bon, je vous remercie beaucoup.
Une jeune fille	Merci.

4*

Dominique	Bonjour mademoiselle. *(Not knowing she was married.)*
La femme	Bonjour.
Dominique	Nous faisons une enquête sur les Français et leurs dimanches. Vous êtes sortie hier ou vous êtes restée à la maison?

La femme	Oui, je suis sortie.
Dominique	Et où êtes-vous allée?
La femme	Euh, à la campagne.
Dominique	Vous êtes allée en car, en voiture?
La femme	Je suis allée en voiture.
Dominique	Vous y êtes allée seule?
La femme	Oui, j'y suis allée seule, et j'ai retrouvé mon mari là-bas.
Dominique	Vous êtes partie à quelle heure à peu près?
La femme	En fait, j'ai passé le weekend là-bas. Je suis partie samedi matin et je suis rentrée dimanche soir.
Dominique	Il a fait beau temps?
La femme	Ah oui, très, très beau. Un temps superbe.
Dominique	Vous avez pris le soleil?
La femme	Oui, on a déjeuné dehors . . . on est resté sur une terrasse au soleil . . .
Dominique	Est-ce que vous sortez tous les dimanches?
La femme	Oui, pratiquement tous les weekends. Le samedi et le dimanche c'est toujours la campagne.
Dominique	Même en hiver?
La femme	Oui, même en hiver. La campagne tous les weekends.
Dominique	Bon. Je vous remercie beaucoup.

Expressions

nous faisons une enquête	*we're making an inquiry*
j'ai couché chez des amis	*I stayed the night with friends*
dans l'après-midi	*during the afternoon*
il a fait beau?	*was it a fine day?*
vous avez passé une bonne journée?	*did you have a good day?*
j'ai retrouvé mon mari	*I joined my husband*
au soleil	*in the sunshine*

Exercises

1

All this running around! Answer *yes*, using **y** to avoid repeating all the words in the questions.

Vous allez en Normandie? *(cette année)* — Oui, **j'y vais** cette année.

1 Vous allez à Paris? *(la semaine prochaine)*
2 Vous restez à Arles? *(jusqu'à samedi)*
3 Vous passez chez Marthe? *(ce soir)*
4 Vous allez dans la forêt? *(ce weekend)*
5 Vous êtes allé au Havre? *(en mai)*
6 Vous êtes passé à la maison? *(ce matin)*
7 Vous êtes retourné au bureau? *(après le déjeuner)*
8 Vous êtes entré dans la cathédrale? *(à onze heures)*

2

A busy program last Friday — retell it on Saturday.

VENDREDI:
Il faut descendre en ville.

1 Il faut passer à la pharmacie.
2 Il faut monter au château.
3 Il faut rentrer à la maison.
4 Il faut revenir en ville.
5 Il faut entrer au supermarché.
6 Il faut retourner à la pharmacie.
7 Il faut passer chez Marianne.
8 Il faut y rester une demi-heure.
9 Il faut sortir le soir.
10 Il faut aller au théâtre.

SAMEDI:
Je suis descendu(e) en ville.

3

What happened when? Join the sentences and put them in the past to show what you did. Assume you are a man.

Je finis. Alors je pars. — **Quand j'ai fini, je suis parti.**
1 Paul revient. Je sors.
2 Je vais en ville. J'oublie mon porte-monnaie.
3 Je termine le repas. Je descends à la plage.
4 J'arrive à Rome. Je perds mon passeport.
5 Je perds mon passeport. Je vais à la police.
6 J'ai mon baccalauréat. Je pleure de joie.
7 Je passe à la boulangerie. Je prends des croissants.
8 Je téléphone à Louis. Je l'invite à dîner.
9 Je monte sur le toit. Je regarde le panorama.

4

Somebody's out of touch with people's movements. You know the answers — they've all come back, or they'll be back soon. So use *revenir* each time and decide from the clue whether to use the *present* tense or the *past*. Imagine it's the middle of the afternoon.

Paul est toujours à Londres? *(ce matin)* — Non, il **est revenu** ce matin.
Paul est toujours à Londres? *(demain)* — Oui, il **revient** demain.
1 Les étudiants sont toujours en vacances? *(demain)*
2 Mme Boulle est encore à Bordeaux? *(hier)*
3 François et Odile vont rester en Tunisie? *(la semaine dernière)*
4 La concierge est partie? *(dans une heure)*
5 Le directeur est toujours absent? *(jeudi prochain)*
6 Les enfants sont toujours chez leur tante? *(dimanche dernier)*
7 Marie et Berthe sont sorties? *(ce soir)*
8 Sylvie et Jacqueline sont toujours au bureau? *(midi)*

5

It's the morning after. You're just telling a friend about the party you went to last night.

L'ami	Est-ce que Jacques est venu?
Vous	(Yes. He came with Jacqueline. They arrived late.)
L'ami	Et Françoise?
Vous	(Françoise came too. But she left at 9 o'clock.)
L'ami	Vraiment? C'est bizarre!
Vous	(Yes. She left when Sylvie arrived. She *hates* Sylvie.)
L'ami	Ah! Sylvie est venue avec Paul, bien sûr.
Vous	(No. Paul didn't come!)
L'ami	Ce n'est pas possible. Il va toujours à toutes les parties!
Vous	(Yes, but he came back from London yesterday. He's tired. He stayed at home.)
L'ami	Vous avez dansé?
Vous	(A bit. But we all went out into the garden. We ate in the garden.)
L'ami	Et à quelle heure est-ce que tout le monde est parti?
Vous	(I stayed until 2 a.m. The others all left at midnight.)

6

You've been out celebrating your birthday, and you and your sister get home rather late. Your rather authoritarian granny is waiting up for you. Assume you are a young man.

Grand-mère	Deux heures du matin! Qu'est-ce que vous avez fait? Vous êtes sortis à quelle heure?
Vous	(You went out at 2:30.)
Grand-mère	Ça fait presque douze heures de sortie. Vous êtes partis seuls?
Vous	(No — Paul and Jacqueline came with their car.)
Grand-mère	Paul et Jacqueline . . . ah oui, ce couple très gentil.
Vous	(Yes. They are nice, aren't they? You went into town — you visited the new boutiques near the castle.)
Grand-mère	Vous n'avez pas trop dépensé, j'espère!
Vous	(No, no . . . you bought some postcards — but Jacqueline bought a dress. She spent 200 francs.)
Grand-mère	200 francs!
Vous	(It's a dress of good quality.)
Grand-mère	Mais vous n'avez pas passé tout l'après-midi dans les boutiques?
Vous	(No — you went to the country; it was very hot, you went up to Les Baux.)
Grand-mère	C'est beau par là.
Vous	(Yes, it's very pretty — you took a lot of photos.)
Grand-mère	Et où est-ce que vous avez mangé?

Vous	(You came back into town; Paul found a new Italian restaurant last week. You ate there.)
Grand-mère	Cher?
Vous	(Not at all. Then you went to the movies.)
Grand-mère	Mais le cinéma ferme à minuit . . .
Vous	(You know, you know; after the movies you went to Luna Park.)
Grand-mère	Luna Park! Pour perdre de l'argent!
Vous	(. . . you won something!)
Grand-mère	Ah?
Vous	(Here's Harvey.)
	You produce a huge toy rabbit.

A propos . . .

Le dimanche

Although *le weekend* is rapidly gaining ground as an institution in France, *le dimanche* is still the highspot of the week. Sunday is the day for visiting relatives or inviting them to lunch — many shops are open on Sunday mornings and *pâtisseries* and *charcuteries* in particular do a roaring trade. *Le dimanche* is the day for going out to the country, for playing or watching sports, for going to museums (which are free on Sundays) or for movies, theater or concerts.

Un dimanche à
la campagne

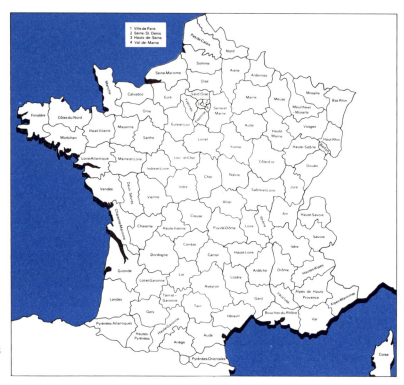

Les départements
de la France

Les régions et les départements

Pre-revolutionary France was divided into provinces, reflecting the old kingdoms and duchies that were gradually absorbed into the country: *la Normandie, le Poitou, la Gascogne,* etc.

As part of his reforms, Napoléon Bonaparte scrapped these old divisions, replacing them with small units — *les départements* — each governed by a prefect — *un préfet* — who was directly responsible to Paris. The current program of decentralization includes the creation of regions, but this reform is less radical than Bonaparte's as each region is made up of a group of *départements. Départements* generally take their names from geographical features, usually rivers or mountains. For administrative purposes, they are numbered in alphabetical order.

These departmental numbers are used as the last two numbers on car registration plates — so you can tell where any French car comes from — and also at the beginning of postal codes. As Paris is 75, the code 75006 means Paris, *6e arrondissement.*

50

O.K. Corral

O.K. Corral is a leisure center built recently in the mountains a few miles Northwest of Toulon. As its name indicates, it's designed to give visitors a taste of *le Far-West,* with horses, shooting galleries, saloons and appropriately dressed denizens. It's more a cross between a fun-fair and a safari park (with cowboy cabaret thrown in) than a replica of the real thing — but this is probably all to the good, as the original O.K. Corral was clearly not the healthiest place to spend a day: chances of survival are rather greater in the sun and mountain air of the French version.

La 2 CV

2 CV — deux chevaux, meaning "two horse-power" is the no-nonsense name Citroën gave their no-nonsense, cheap, tough little corrugated car which, despite (or because of) its brutalist lack of styling, has been driven by millions of people all over the world.

Le Lido

Le Lido, near the top of the Champs-Elysées, is one of the largest, best-known nightclubs in Paris, famous for its spectacular floorshows, which are full-scale revues rather than intimate cabaret.

Where are you going? Where are you staying?

The idea of going *to* or staying *in* or *at* somewhere is expressed by one word in French. Just *which* word depends on the type of place-name.

Towns:

à Paris	
à Londres	Je vais à Paris.
à Marseille	La Tour Eiffel est à Paris.

When the name of the town includes **le** or **les**, à becomes **au** or **aux**:

le Mans	
le Havre	Nous sommes allés **au Mans.**
les Baus	Nous avons trouvé un hôtel **aux Baux.**

dix-huit 18 Review

Use this time to pause and review what you have learned in chapters 13–17. If you have questions, seem confused, or have forgotten anything, go back and read the material again.

A street. A group of people around a conjurer, un prestidigitateur, *who is doing card tricks. A little to one side two tramps, Albert and Juliette, who are searching their pockets for money.*

Juliette	Donne-moi dix francs, Albert. Je n'ai plus un sou!
Albert	Moi non plus. J'ai perdu mon porte-monnaie.
Juliette	Qu'est-ce que nous allons faire pour manger?
Albert	Il faut travailler.
Juliette	Travailler! C'est impossible! Si je travaille, je ne peux plus boire. Tu n'as vraiment pas d'argent?
Albert	*(searching himself)* Rien, rien de rien!
Juliette	Quelle misère!
Le prestidigitateur	S'il vous plaît messieurs-dames. J'ai besoin d'un assistant. Il ne faut pas avoir peur. Allons messieurs-dames. Approchez! Approchez!
Juliette	Vas-y Albert!
Albert	Oui. J'y vais. *(To conjurer)* Voilà, je viens!
Le prestidigitateur	Ah, bonjour monsieur. Comment vous appelez-vous?
Albert	Je m'appelle Albert.
Le prestidigitateur	Albert, avez-vous des problèmes financiers?
Albert	Oui, je n'ai plus un sou!
Le prestidigitateur	Vous en êtes sûr?
Albert	Oh! Oui alors, plus un sou. J'en suis sûr!
Le prestidigitateur	*(ironically)* Vraiment?
	He pulls money out of all Albert's pockets. Juliette is surprised.
Juliette	Oh, la vache!
Le prestidigitateur	Plus un sou? Vous avez menti! Alors je garde cet argent pour les pauvres. Merci beaucoup.
	Applause. Albert, astounded, goes back to Juliette who slaps his face.
Juliette	Menteur! Voleur! Faux-frère!

donne-moi	*give me*
je n'ai plus un sou	*I haven't a penny* (see note p. 65)
moi non plus	*neither have I*
rien de rien	*absolutely nothing*
vas-y!	*go on!*
vous en êtes sûr?	*are you sure?*
la vache!	*rat!* (see note p. 67)
faux-frère!	*double-crosser!* (lit. *false brother*)

Grammar Summary Programs 13-17

1

Verbs: the present

a) The verbs you will probably need to use most frequently are also the most "irregular" — that is, they have the greatest number of different forms. We suggest you try to become familiar with the following:

avoir (past participle *eu*)

j' ai	nous avons
tu as	vous avez
il a	ils ont

être *(été)*

je suis	nous sommes
tu es	vous êtes
il est	ils sont

aller *(allé)*

je vais	nous allons
tu vas	vous allez
il va	ils vont

faire *(fait)*

je fais	nous faisons
tu fais	vous faites
il fait	ils font

vouloir *(voulu)*

je veux	nous voulons
tu veux	vous voulez
il veut	ils veulent

pouvoir *(pu)*

je peux	nous pouvons
tu peux	vous pouvez
il peut	ils peuvent

Note: the polite form is **je voudrais:** *I'd like.*

b) A very large number of verbs with an infinitive ending **-er** all work in the same way. These can be thought of as regular verbs. The written forms are below, but remember there are only three different sounds. The *je, tu, il/elle, ils/elles* forms are all pronounced identically. The *nous* form always ends in **-ons**, the *vous* form always ends in **-ez.**

arriver *(arrivé)*

j'arrive	nous arriv**ons**
tu arriv**es**	vous arriv**ez**
il arrive	ils arriv**ent**

Hundreds of other verbs follow this pattern (e.g., *adorer, aimer, détester, entrer, fermer, fumer, marcher, parler, réserver, téléphoner, terminer, travailler, traverser,* etc. A fuller list is on pp. 135-136).

c) Apart from the verbs in section a), a number of other verbs are not regular. Getting to know them all takes time, and we don't feel that it's all *that* important to be familiar with them at this stage. If you do use a slightly incorrect form French people will normally know what you mean and most of them will correct you anyway. But for verb addicts we've given a fuller list of irregulars on pp. 136-137.

2

Verbs: the past

The perfect tense, which corresponds to *I have done* or *I did,* is made with *avoir* or *être* and the past participle.

a) **Etre** is used with a small number of verbs associated with the idea of *movement* (see list p. 43). With *être,* the participle behaves like an adjective:

Je suis | parti *(if you're male)* | à Lille.
| partie *(if you're female)* |

Pierre est parti à Bordeaux.
Marianne est partie à Limoges.
Les garçons sont partis à Nantes.
Les jeunes filles sont parties à Paris.

Note: Another verb which forms the perfect with être is **naître** *(to be born).* *Je suis né* (or *née*) *à Etretat.* (Hence: Joan Smith *née* Brown.)

b) The vast majority of verbs form their past tense with *avoir* and the past participle:

J'ai acheté une veste.
Tu as parlé à Jean-Pierre?
Il a travaillé toute la journée.
Nous avons réservé une chambre.
Vous avez téléphoné à Paris?
Ils ont visité toutes les régions.

3

Infinitives

A number of verbs can be used before an infinitive to express:

a) Necessity or obligation: *(il faut, devoir)*

il faut is an "impersonal" verb — it never changes:
Il est minuit; il faut rentrer à la maison.

devoir conveys the general meaning of *must, should* or *ought to:*

Je dois travailler.
Vous devez manger quelque chose.
Elles doivent être fatiguées.

b) Wishes and desires *(vouloir, désirer, avoir envie de,* etc.):

Je voudrais réserver une chambre.
Elle désire visiter le musée.
Nous avons envie de sortir.

c) Opinion — likes and dislikes *(adorer, aimer, détester,* etc.):

J'adore voyager.
Elle aime jouer au bridge.
Vous n'aimez pas travailler à la maison.
Ils détestent faire la vaisselle.

d) Intentions *(penser, avoir l'intention de,* etc.):

Je pense partir ce soir.
Il a l'intention d'acheter une nouvelle voiture.

e) Opinions and emotions, using *être* and an adjective *(être content/ triste de,* etc.):

Il est content de revoir Marie.
Elles sont tristes de quitter la Provence.

f) Movement — "going off to do something" *(partir, sortir,* etc.):

Georges monte dire bonjour à Marie.
Esther sort faire le marché.

g) Future *(aller):*

Je vais partir dans dix minutes.
Nous allons faire un pique-nique demain.

4 Pronouns

Pronouns are used to avoid unnecessary repetition of nouns.

a) **le/la/les** correspond to people or things — it, her, him or them:

Georges laisse **sa mère** à la gare.   — Georges **la** laisse à la gare.
Georges laisse **ses bagages** à la gare.— Georges **les** laisse à la gare.

Note: To replace names introduced by **à** the pronouns to use are **lui** (singular) and **leur** (plural):

Georges parle **à sa mère.**   — Georges **lui** parle.
Henri téléphone **aux jeunes filles.** — Henri **leur** téléphone.

b) **me/te/nous/vous** of course, apply to people:

Odile **nous** déteste.
Georges **m'**aime.
Je **vous** comprends.

c) **en** replaces *things* introduced by **de/du/de l'/de la/des**:

J'ai **du pain**. — J'**en** ai.
Il mange **de la salade**. — Il **en** mange.
Qu'est-ce que vous pensez **d' Arles**? — Qu'est-ce que vous **en** pensez?
Je voudrais **du pâté**. — Oui, Madame, combien **en** voulez-vous?
J'**en** voudrais une tranche/un peu/beaucoup.

en is also used with numbers:

Je voudrais **trois babas** — J'**en** voudrais **trois**.
Combien **d'enfants** avez-vous? — J'**en** ai **trois**.

d) Expressions of place (except those introduced by **de**) can be replaced with **y**:

Je vais à **Paris**. — J'**y** vais.
Il monte **sur le toit**. — Il **y** monte.
Elle travaille **à l'extérieur de la ville**. — Elle **y** travaille.
Ils habitent **Bordeaux**. — Ils **y** habitent.

5

Possession

The words for *my, our,* etc., show (a) who possesses the thing and (b) whether the thing possessed is singular or plural, masculine or feminine:

possessor	thing possessed		
	singular		plural
	masc.	fem.	
je	mon	ma	mes
tu	ton	ta	tes
il/elle	son	sa	ses
nous	notre		nos
vous	votre		vos
ils/elles	leur		leurs

le père:	*mon/ton/son/notre/votre/leur*	père
la mère:	*ma/ta/sa/notre/votre/leur*	mère
les parents:	*mes/tes/ses/nos/vos/leurs*	parents

6

Putting the sentence together

A Negatives

ne . . . pas	*not*
ne . . . plus	*no more*
ne . . . jamais	*never*
ne . . . rien	*nothing*

a) in the present:

Elle ne sort pas ce soir.
Il ne boit plus de cognac.
Nous n'allons jamais au théâtre.

b) in the past:

Il n'est pas venu à la gare.
Elle n'est jamais allée en Espagne.
Vous n'avez rien trouvé.

c) with verbs that include infinitives:

Je ne vais pas partir.
Elle ne veut pas aller à l'école.
Il ne faut jamais fumer au théâtre.

ne . . . que   means *only*

Je n'aime pas le vin ordinaire. Je n'achète que les bons vins.

B Pronouns come in front of:

a) the present:

Frédéric aime Julie — Frédéric l'aime.

b) the past tense:

Jérôme est allé à Tanger — Jérôme y est allé.
Arthe a acheté la robe — Marthe l'a achetée.

(With *avoir,* the past participle shows the number and gender of **le/la/les.**)

c) the infinitive:

Georges va préparer le dîner — Georges va **le** préparer.
Je dois parler à Loulow — je dois **lui** parler.
Elle aime parler de ses projets — elle aime **en** parler.
Il faut aller en ville — il faut **y** aller.

7

Linking sentences together

Two sentences can be joined together to express the ideas of: *if* using **si** — S'il fait beau, nous allons descendre à la plage; *when* using **quand** — Quand il a fini son travail, il est sorti; *as* or *since* using **comme** — Comme nous aimons voyager, nous allons en Italie.

1*

First of all remember how to buy things in a shop . . . Georges Millot went to buy film.

Georges	Bonjour madame.
La commerçante	Bonjour monsieur.
Georges	Madame, je voudrais une pellicule pour appareil de photo en trente-cinq millimètres.
La commerçante	Oui. Couleur ou noir et blanc?
Georges	En couleur, madame.
La commerçante	Couleur. Diapositives ou sur papier?
Georges	Des diapositives.
La commerçante	Diapositives. Alors, vous avez une pellicule à vingt poses ou une pellicule à trente-six poses.
Georges	Je voudrais une pellicule à trente-six poses, s'il vous plaît.
La commerçante	Voici, monsieur.
Georges	Je vous remercie madame. C'est combien, s'il vous plaît?
La commerçante	Trente francs.
Georges	*(Handing over 100 francs.)* Voilà madame.
La commerçante	Merci. Merci monsieur. Alors, trente et vingt — cinquante, et cinquante — cent. Merci monsieur.
Georges	Merci madame. Merci. Au revoir madame.
La commerçante	Au revoir monsieur.

2*

Madame Lazerges, who runs a bookshop in Aix-en-Provence, talks about her daily life.

Georges	Comment vous appelez-vous?
Mme Lazerges	Je m'appelle Pierrette Lazerges.
Georges	C'est Madame Lazerges?
Mme Lazerges	Oui, je suis mariée.
Georges	Est-ce que vous travaillez, Madame Lazerges?
Mme Lazerges	Oui, je travaille.
Georges	Où travaillez-vous?
Mme Lazerges	Je travaille dans ma librairie.
Georges	Ah oui, vous avez une librairie?

Mme Lazerges	Oui, j' ai une librairie.
Georges	De quelle heure à quelle heure travaillez-vous?
Mme Lazerges	Je travaille de neuf heures à douze heures trente et de quatorze heures trente à vingt heures.
Georges	Est-ce que vous avez de la famille, Madame Lazerges?
Mme Lazerges	Oui, je suis mariée, j' ai deux enfants.
Georges	Donc vous avez une famille, et vous travaillez. Vous êtes donc une personne très occupée.
Mme Lazerges	Oui, je suis une personne vraiment très occupée.
Georges	Est-ce que vous pouvez nous décrire une journée de votre travail, de votre famille, une journée?
Mme Lazerges	Oui, je peux vous décrire une journée. Je prépare les petits déjeuners le matin, j' arrive au magasin à neuf heures, et là . . . je suis pratiquement pour toute la journée.
Georges	Est-ce que vous rentrez à midi manger?
Mme Lazerges	Quelquefois.
Georges	Est-ce que vous préparez le repas de midi quand vous rentrez?
Mme Lazerges	Ah non, je n' ai pas le temps. Je prépare le repas la veille au soir, ou le matin.
Georges	Madame Lazerges, et le soir, quand vous fermez votre magasin?
Mme Lazerges	Lorsque je ferme mon magasin, je rentre directement à la maison, je suis en général fatiguée. Là alors, on dîne.
Georges	A quelle heure dînez-vous?
Mme Lazerges	Oh . . . euh . . . vingt et une heures.
Georges	Et après le dîner?
Mme Lazerges	Après le dîner, je vais très souvent immédiatement au lit.
Georges	Vous ne faites pas la vaisselle?
Mme Lazerges	Non, je ne fais pas la vaisselle. Je la laisse pour le matin.

3

Dominique talks to a housewife about what she bought that morning . . .

Dominique	Bonjour madame.
Une femme	Bonjour.
Dominique	Vous avez fait des achats ce matin?
Une femme	Oui, oui, je suis sortie.
Dominique	Qu'est-ce que vous avez acheté?
Une femme	J' ai acheté . . . de la viande pour le déjeuner, de la salade, du pain, du lait, du chocolat . . .
Dominique	Où avez-vous acheté le pain?
Une femme	A la boulangerie.
Dominique	Combien avez-vous dépensé?

Une femme	Pour le tout j'ai dépensé environ . . . trente francs.
Dominique	Vous trouvez ça cher?
Une femme	Non, pas tellement.
Dominique	Bon, je vous remercie beaucoup.

4

A young woman talks about her travels . . .

Dominique	Pardon mademoiselle, on fait une enquête sur les Français et les vacances. Où êtes-vous partie l'an dernier?
Une jeune fille	Je suis allée sur la Côte d'Azur.
Dominique	Vous restez toujours en France?
Une jeune fille	Non.
Dominique	Vous avez voyagé à l'étranger?
Une jeune fille	Oui, j'ai visité l'Allemagne, l'Italie, et j'ai vécu cinq ans à Tahiti.
Dominique	Quelles régions de France connaissez-vous?
Une jeune fille	Je suis allée en Bretagne, en Normandie, en Haute-Savoie, dans les Pyrénées.
Dominique	Oui, et quelle région préférez-vous?
Une jeune fille	J'aime beaucoup la Bretagne.
Dominique	Vous partez en vacances cette année?
Une jeune fille	Oui, j'espère.
Dominique	Vous avez décidé où?
Une jeune fille	Je voudrais aller en Bretagne.
Dominique	Bon, je vous remercie beaucoup.

Expressions

une pellicule à vingt poses	*film with twenty exposures*
est-ce que vous pouvez nous décrire?	*can you describe for us?*
la veille au soir	*the evening before*
vous avez fait des achats?	*have you bought anything?*
pour le tout	*for the lot*
j'ai vécu cinq ans à Tahiti	*I lived in Tahiti for five years*

Try your skill

1

Choose the appropriate alternatives to complete these sentences:

1 J'	avoir ai avons	trois semaines de vacances	avec un par	an.

| 2 M. Blanc | travaillent
travaille
est | de 8h. le matin à 5h. | et demie.
et trois croissants.
et demi. |

| 3 Quel âge | êtes
avez
voulez | -vous? Je | suis
ai l'intention d'
vais | avoir vingt.
ans. |

| 4 Qu'est-ce que vous | êtes
avez
avoir | acheté | demain?
la semaine prochaine?
aujourd'hui? |

| 5 Richard et Christine sont | allé
allés
allées | dans
à
en | France. |

| 6 | Il
Elle
On | fait beau: je voudrais | suis
être
été | sur la plage. |

| 7 Nous | sommes
voulons
avons | acheté des fruits
et nous les avons | mangés.
mangez.
manger. |

| 8 On | faut
doit
est | partir à Paris ce soir si on veut | y
là
l' | arriver demain. |

| 9 | Où
Qu'
Quand | est Odile? Elle | est allée
est partie
a acheté | ce matin. |

| 10 Les garçons | ont descendu
sont descendus
descend | en ville | la semaine prochaine.
demain.
la semaine dernière. |

| 11 Voulez-vous sortir avec | je?
ils?
moi? | Il a
Il y a
Il fait | un bon film au Ciné-Lux. |

| 12 | Il fait
Il faut
Il y a | chaud! | Il fait
Il faut
Il y a | ouvrir les fenêtres. |

13 Voulez-vous	de la de des	sardines? Non merci, je ne	y vous les	aime pas.

	Quand 14 Où Qui	est-ce que vous allez? Je sors	prends pris prendre	un café.

15 Vous	avez allez aller	téléphoner à Désirée? Oui,	bien beaucoup merci	sûr.

16 Nous	avons habité habitons allons habiter	à Aix-en-Provence depuis deux ans.

17 Vous êtes allée	à au aux	Louvre? Non, je n'	en y à	suis pas allée.

18 Ces fruits sont un peu	vieux. vieil. vieilles.	Il ne faut pas	y les la	manger.

19 Qu'est-ce que vous	fait fais faites	pour les vacances? Je vais	à en dans	France.

20 Anne	a venue est venu est venue	avec son mari? Non, elle est arrivée	seule. seuls. seules.

	S' 21 Comme Où	il a fait très beau, nous	avons sommes aimons	allés sur la plage.

22 Vous allez	préparez préparé préparer	le dîner? Oui, je vais le	faire. téléphoner. éplucher.

23 Elles	font vont ont	toujours au club? Non,	elles n'y sont pas allées. elles n'y vont plus. rien ne va plus.

	24	Vous faites Il fait Vous avez	faim? Venez	manger mangeons mangez	chez	me. moi. je.

25	Christine et Anne sont	parti partie parties	en vacances	dans àu à	Havre.

2

You will see that the following sentences contain a lot of unnecessary repetition. Rewrite these sentences using pronouns (*il, elle, le, la, les, y, en,* etc.) instead of the words in italics. For instance: *Jean-Paul* a rencontré *Sylvie* ce matin. Il l' a rencontrée ce matin.

1 *Jean-Paul* a acheté *des chocolats.*
2 *Jean-Paul* a donné *les chocolats à* Sylvie.
3 Puis *Jean-Paul* est sorti avec *Sylvie.*
4 Ils sont allés en ville et *en ville* ils ont retrouvé deux amis.
5 Ils sont tous allés à la brasserie et ils ont mangé *à la brasserie.*
6 Des escargots! Jean-Pierre a pris une douzaine *d'escargots.*
7 Joseph n'aime pas *les escargots.*
8 Sylvie déteste *les escargots.* Mais elle adore la ratatouille.
9 *Sylvie* a donc pris *la ratatouille.*
10 Comme dessert? Une tarte aux fraises. Tout le monde a pris une tranche *de tarte.*
11 Joseph a acheté des cigarettes et Sylvie a fumé une *cigarette.*
12 Ah! L'Espagne! Joseph est allé *en Espagne* l'année dernière.
13 Pendant le café il a parlé *de ses voyages en Espagne.*
14 Il a invité *ses amis* chez lui.
15 Comme ça tout le monde a terminé la soirée *chez Joseph.*

3

Talk about your everyday life. Assume that you are a young girl from Lyon now living in Marseille. Fill in the appropriate verb forms — the infinitives are given.

Je (*être*) de Lyon mais l'an dernier je (*venir*) (*habiter*) Marseille où j' (*acheter*) un studio; il (*être*) petit, mais moderne. J' (*avoir*) un frère et une soeur, et bien sûr mes parents. Ils (*habiter*) toujours à Lyon. Ma soeur Caroline (*avoir*) onze ans et elle (*vouloir*) (*être*) mannequin. Mon frère (*faire*) son service militaire.
Je (*être*) très occupée, et je n' (*avoir*) jamais assez de temps pour (*faire*) le ménage. Lundi (*être*) une journée typique pour moi. A sept heures je (*prendre*) une douche, puis je (*préparer*) mon café. Ensuite je (*aller*) au travail à la banque. J'y (*être*) secrétaire depuis un an. Le matin je (*travailler*) de huit heures à midi. A midi je (*aller*) (*déjeuner*) dans un petit

restaurant du quartier, puis je (*faire*) des courses et à deux heures je (*rentrer*) au bureau. Cela (*continuer*) jusqu' à six heures. Quelques minutes pour (*faire*) les achats: un peu de viande, du pain, des fruits, de l'eau minérale — je n' (*aimer*) pas beaucoup le vin — et j' (*arriver*) chez moi. J' (*aimer*) beaucoup (*inviter*) des amis — quelquefois nous (*dîner*) ensemble à la maison, quelquefois nous (*aller*) au cinéma ou au café. Mais quand je (*être*) seule je (*dîner*), je (*regarder*) la télévision s'il y (*avoir*) un bon film, et à onze heures et demie je (*aller*) au lit. Le samedi et le dimanche je ne (*travailler*) pas; en général je (*aller*) (*voir*) ma famille à Lyon, mais quelquefois je (*rester*) à Marseille. Par exemple, la semaine dernière des amis parisiens (*venir*) à Marseille et je (*passer*) le weekend avec eux. Samedi je (*visiter*) la ville avec mes amis; je les (*accompagner*) au Vieux Port, ensuite nous (*monter*) à la basilique de Notre Dame de la Garde. Pour (*déjeuner*) nous (*descendre*) en ville, et l'après-midi nous (*visiter*) les musées et (*regarder*) les magasins. Puis ils (*rentrer*) à leur hôtel et je (*renter*) chez moi. Je (*changer*) de robe, je (*sortir*) un peu plus tard, et je (*aller*) (*trouver*) mes amis à la terrasse d'un café sur la rue principale de Marseille, la Canebière. Dimanche, ils (*louer*) une voiture et ils (*partir*) en Camargue; ils (*aller*) jusqu' à Aigues-Mortes où ils (*faire*) beaucoup de photos. Ensuite ils (*revenir*) à l'hôtel, ils (*partir*) à l'aéroport et moi, je (*retourner*) chez moi.

A propos . . .

les clochards

Like every large town, Paris has its population of dropouts and derelicts, who sleep out — traditionally under the bridges of the Seine, but now that many of *les quais* have been turned into urban motorways, it is increasingly hard to find a bridge to sleep under. Parks are ruled out, of course, through in fine weather there are plenty of benches along the boulevards, and the occasional little square or garden that isn't locked up at night can provide a place to sleep. In winter, though, the situation is decidedly bleaker, and you can see *les clochards* sleeping in the warm draft from the ventilation grilles of the Métro, or outside bakeries — others are probably in one of the shelters run by charitable organizations, principally the French Salvation Army — *L'Armée du Salut.* (Their *Cité de Refuge*, incidentally, in the then run-down fourteenth *arrondissement* was the first large building by Le Corbusier to be erected.) Occasionally the authorities try to clean up Paris by rounding up *les clochards* and carting them off for a bath and a short sharp warning from the police. But these attempts have always failed — perhaps because it is impossible to generalize about *les clochards.* Some are alcoholics, of course, and many others have psychiatric problems, but there are more than a few who have chosen to live on the streets in the cities. In any case, *les clochards* still beg and scavenge their way through the main French cities, and presumably they always will.

Des clochards
à Paris

je n' ai plus un sou

Un sou was an old unit of French currency equal to one-twentieth of *un ancien franc* (i.e., one-twentieth of a present-day *centime*). Nowadays, though, *les sous* have come to have the general meaning of pennies or money, and the word crops up in lots of expressions. Someone who is broke will say *Je n' ai pas/plus un sou* —"I haven't a penny"; strikers demonstrating for pay increases often chant *Des sous!;* a slot machine is *un appareil à sous;* and for some unknown reason the French title of the Brecht-Weill *Threepenny Opera* has been subject to inflation and becomes *L 'Opéra de Quat' Sous.*

les syndicats

Unlike the American Trade Union system, in which unions are organized to correspond to a given trade, in France unions — *les syndicats* — cut across occupational boundaries; what holds them together is their political position. The largest single union in France — and the oldest surviving one — is the *C.G.T.* (pronounced *cégété,* standing for *Confédération Générale du Travail*), which began its life at the turn of the century as essentially an anarchist organization, but underwent various changes until, in 1947, it came firmly into the control of the French Communist Party. In 1948 the non-Communist dissidents of the *C.G.T.* founded their own breakaway union, the *C.G.T.-F.O.* (F. O. standing for *Force Ouvrière,* roughly translatable as "working-class power") which avoids direct party control and is only loosely linked to the Socialist Party. Naturally enough in a country divided between Catholics and secularists, in 1919 a Catholic union was founded – the *C.F.T.C. (Confédération Française des Travailleurs Chrétiens)* – which was basically a middle-of-the-road, white-collar organization . . . until 1947, when its character changed radically, and just as the *C.G.T.-F.O.* rebelled against the tutelage of the Communist Party, the *C.F.T.C.* decided to dissociate itself from the Church and transform itself into a modern working-class trade union. This process was accomplished in 1964 when all links with the Church were severed and the movement renamed itself *C.F.D.T. (Confédération Française des Travailleurs Démocratiques).* However, a minority rejected these reforms and formed a new organization, firmly attached to the religious elements of the old one, the *C.F.T.C. Maintenue* ("Continuing C.F.T.C.").

Apart from the three main political unions — in descending order of size the *C.G.T.,* the *C.F.D.T.* and the *C.G.T.-F.O.* — there are several independent unions reflecting the particular professional interests of the members; this is particularly true of teachers' unions and organizations of agricultural workers.

Manifestation ouvrière.

insults

The friendly cow — *la vache* — has become an insult, regardless of the victim's sex. It can be used as a noun: *La vache!* — "the rat!"; or as an adjective: *J'ai été vache avec lui* — "I was beastly to him." On the other hand, the adverb *vachement* is not at all insulting: it's a slangy, if rather dated, equivalent of *très. C'est vachement bien* corresponds fairly closely to "it's damn good."

la photographie

France, Britain and the Soviet Union all claim to have produced the inventor of photography. Be that as it may, the French candidate is the resonantly named Nicéphore (bearer of victory) Niepce (1765—1833), whose experiments, like those of Fox-Talbot, led to the development of still photography, using *un appareil de photographie* (nowadays *un appareil de photo*) and ultimately, film — *une pellicule.* France was also to the fore in the development of movies, with the pioneering work of *les frères* Lumière and Georges Méliès. In motion pictures, a camera has always been *une caméra* and a film *un film.*

dates

The first day of the month is *le premier;* other dates are expressed with the ordinary numbers: *le deux janvier, le trois mars, le seize avril,* etc.

The months of the year are:

janvier	juillet
février	août *(pronounce the* t)
mars *(pronounce the* s)	septembre
avril	octobre
mai	novembre
juin	décembre

In French, names of months are not written with capital letters.

Giving and getting precise information

Qui est ce monsieur?	C' est l'homme	**qui travaille avec moi.**
		que je vous ai présenté hier.

. . . et ce vin?	C' est un vin	**qui vient d' Alsace.**
		que j' ai acheté ce matin.

In this chapter you will find out how to ask the questions *Who?* and *Which?* and to provide information using the relatives *qui* and *que.*

A room with a cradle. A young grandmother, 45. The doctor enters.

Le docteur	Alors, chère madame, qui est le malade? Vous ou le bébé?
La femme	Comment? Parlez plus fort!
Le docteur	(*Loud*) Qui est malade?
La femme	C' est moi qui suis malade. Je deviens sourde, docteur, complètement sourde!
	The doctor leans over the cradle and plays with the baby.
La femme	Je n' entends même plus crier le bébé!
	The doctor does not hear.
Le docteur	Pardon?
La femme	Je n' entends même plus crier le bébé!
Le docteur	Ce n' est pas grave. Je vais vous donner des pilules.
La femme	Quoi? Quelles pilules?
Le docteur	Des pilules que j' ai ici, dans mon sac.
La femme	Quel est l' effet de ces pilules? Je vais entendre mieux?
Le docteur	Certainement!
La femme	Que dois-je faire avec ces pilules?
Le docteur	Les donner au bébé.
La femme	Au bébé? Quelle idée! C' est moi qui entends moins bien.
Le docteur	Qui, mais c' est le bébé qui crie. Ces pilules sont pour faire crier le bébé plus fort!

parlez plus fort!	*speak louder!*
je n'entends même plus crier le bébé	*I can't even hear the baby cry anymore*
c'est moi qui entends moins bien	*I'm the one who is not hearing so well*
pour faire crier le bébé plus fort	*to make the baby cry louder*

Explanations

1

Asking for precise information

To ask which one of a number of possibilities, use **quel, quelle, quels, quelles**:

Quel vin allons-nous déguster?
Quelle bière préférez-vous?
Quels fruits achetez-vous en général?
Quelles pommes voulez-vous, madame?

You also use **quel** etc. to ask questions like *"what is the price?"*

Quel est **le prix** de la chambre?
Quelle est **la différence** entre le beaujolais et le bordeaux?
Quels sont **les vins** que vous préférez?
Quelles sont **les qualités** d'un bon bourgogne?

2

Giving precise information

You may need to give more detailed information to get the things you want.

Vous	Je voudrais la veste.
Le commerçant	**Quelle** veste?
Vous	La veste bleue.
Le commerçant	Nous avons beaucoup de vestes bleues!
Vous	La veste bleue **qui** coûte deux.cents francs.

Vous	J'ai acheté du vin.
Votre ami	**Quelle** sorte de vin?
Vous	Du vin rouge.
Votre ami	Mais **quel** vin rouge?
Vous	Le vin rouge **que** tu préfères.

To give this kind of additional information, use **qui** or **que** for both people and things. *Which one* you use depends on the next word in the sentence.

a) use **qui** if a *verb* follows:
Monsieur Leblanc, **qui est** architecte, a trente ans.
Qui est M. Leblanc? C'est l'homme **qui habite** à côté de Mme Latrombe.

Quel pantalon voulez-vous? Je voudrais le pantalon noir **qui coûte** deux cents francs.

b) use **que** if a *new subject* follows:

Le pâté **que** vous avex acheté hier est terrible!

Les enfants ont mangé le gâteau **que** j'ai fait hier.

Qui est Pierre? C'est le garçon **que** nous avons vu au cinéma.

When you add *two* pieces of information of this sort, you have to *repeat* **qui** or **que**:

Voilà Joseph, **qui** est champion de ski et **qui** habite près de chez moi.

3

Stressing the point

To be really precise you can emphasize parts of a sentence by using
C'est . . . . qui/que

C'est un bon vin? Oui, **c'est** un vin **qui** est très bon.

Maurice a trouvé la solution? Oui, **c'est** Maurice **qui** a trouvé la solution.

Vous avez vu Anne en ville? Non, **c'est** Maurice **que** j' ai vu en ville.

When talking about yourself it's **c'est moi qui / que**:

L'enfant n'est pas malade. **C'est moi qui** suis malade.

Vous n'avez pas vu Pierre au casino. **C'est moi que** vous avez vu.

4

Le monde is "the world," but it also means "people," and it is used in a number of expressions:

peu de monde	*not many people*
beaucoup de monde	*a lot of people*
trop de monde	*too many people*
tout le monde	*everybody*

1*

Annick Magnet is at the main bus station in Dijon finding out about buses that go to the Palais des Ducs . . .

Annick	Pour aller au Palais des Ducs, s'il vous plaît, c'est quel bus?
L'inspecteur	Alors, pour aller au Palais des Ducs vous avez trois lignes. Vous avez la ligne numéro deux, la ligne numéro trois, et la ligne numéro neuf.
Annick	Et les bus passent souvent ici?

L'inspecteur	Oui, vous avez des voitures qui passent très souvent. Vous avez la ligne numéro deux qui vient de Fontaine d'Ouche et qui passe toutes les huit minutes, la ligne numéro neuf passe toutes les dix minutes et la ligne numéro trois toutes les quinze minutes.
Annick	Merci monsieur.

2

And as Dominique has to get to Marseille she has gone to the bus station (la gare routière) *in Aix to ask about the times of buses.*

Dominique	Pardon, monsieur, je voudrais savoir, s'il vous plaît, à quelle heure est le prochain car pour Marseille.
L'inspecteur	Eh bien, nous avons deux autocars, un qui part à dix-sept heures vingt par la Nationale 8, et un à dix-sept heures trente-sept par autoroute.
Dominique	A quelle heure part le dernier car de Marseille pour rentrer à Aix, s'il vous plaît?
L'inspecteur	Le dernier car se coir part à vingt-deux heures, mais dimanche vous avez un car qui part à vingt-quatre heures.
Dominique	Je vous remercie beaucoup.

3

Burgundy is known all over the world for its fine wines. Annick went to Nuits-St. Georges to talk to a wine merchant (un négociant en vins), *M. Misseray.*

Annick	Nous sommes chez Monsieur Misseray. Monsieur Misseray, vous êtes négociant en vins à Nuits-St. Georges. Vous vendez seulement des vins de la Côte de Nuits?
M. Misseray	Non. Je vends des vins de la Côte de Nuits en majorité, mais aussi des vins de la Côte de Beaune, des vins blancs, et même des beaujolais, et aussi des Côtes du Rhône.
Annick	Monsieur Misseray, on peut visiter les caves?
M. Misseray	Bien sûr. Nous allons descendre à la cave et même déguster du vin, si vous voulez.

*

M. Misseray	Alors, voici nos caves.
Annick	Et quel vin allons-nous déguster?
M. Misseray	On va déguster un Nuits-St. Georges.
	On va donc prendre avec la pipette un petit peu de ce vin rouge, qui est un vin de Nuits-St. Georges, que je mets dans vos petits tastevins. Alors, c'est un vin de la récolte '72, donc un vin qui a déjà deux ans de vie. (*He pours two glasses from the barrel.*) Alors, nous allons déguster ce vin maintenant. A votre bonne santé d'abord!

Annick	A votre santé! (*They drink*) Comment trouvez-vous ce vin?
M. Misseray	Ce vin c'est un vin qui est léger. Il a du corps. C'est un vin qui est très fruité.
Annick	Et c'est un bon vin, selon vous?
M. Misseray	C'est un très bon vin qui a même des promesses pour les années futures, les années prochaines.
Annick	Il est de '72?
M. Misseray	C'est un dix-neuf soixante-douze (1972). (*He bangs the cork back in the barrel*) . . . Et voilà! Voici maintenant un autre tonneau dans une autre allée, où nous allons déguster un Vosne-Romanée Les Beaux-Monts. (*He serves more wine*)
Annick	Alors, à votre santé.
M. Misseray	Merci beaucoup. A la vôtre.
Annick	C'est un quelle année?
M. Misseray	C'est un vin de 1972 également.

4

Provence is known for its wines too—particularly rosé. Georges Millot went off to talk to M. Roche, a négociant *near Aix.*

Georges	Nous sommes chez Monsieur Roche, négociant en vin près d'Aix-en-Provence, et nous parlons avec Monsieur François Roche de son métier. Monsieur Roche, quelle sorte de vin achetez-vous et vendez-vous?
M. Roche	Nous achetons essentiellement des vins d'appellation Côtes de Provence et Côtes du Rhône.
Georges	Quel est le vin que vous produisez le plus?
M. Roche	Les vins que nous produisons sont surtout des vins rouges et des vins rosés.
Georges	Monsieur Roche, est-ce que nous pouvons visiter votre cave et déguster un vin?

Exercises

1

Where do they work? You say, using the words *monsieur* for a man and *dame* for a woman

Un médecin? **C'est un monsieur** qui travaille dans un hôpital.

1 Et un épicier?
2 Et un pharmacien?
3 Et une charcutière?
4 Et un boulanger?
5 Et un commerçant?
6 Et une secrétaire?
7 Et un garçon?

8 Et une infirmière?

9 Et une hôtesse de l'air?

10 Et un croupier?

2

You make a statement but your companion keeps doubting. So tell him again and stress the point, this way:

Pierre a cassé l'aspirateur! *Pierre?* Oui, **c'est Pierre qui** a cassé l'aspirateur.

1 Georges a téléphoné hier. *Georges?*

2 Nous avons vu Gisèle au cinéma. *Gisèle?*

3 Mme Latrombe est professeur de karaté. *Mme Latrombe?*

4 Julie va épouser le duc d'Argenteuil. *Julie?*

5 Je voudrais voir Venise. *Venise?*

6 La petite fille a téléphoné aux pompiers. *La petite fille?*

7 On a retrouvé Martine près du canal. *Martine?*

8 Ma grand-mère veut aller en Chine. *Votre grand-mère?*

3

Join the two sentences together using **qui** or **que**. For example:

Odile habite Romorantin. Elle est professeur de danse.

Odile, **qui est professeur de danse**, habite Romorantin.

Vous aimez le chapeau? Je l'ai acheté ce matin.

Vous aimez le chapeau **que j'ai acheté ce matin**?

1 Josée a trois enfants. Elle est mariée depuis dix ans.

2 Le mari de Josée voyage beaucoup. Il est journaliste.

3 Il travaille dans un petit bureau. Il l'a construit dans le jardin.

4 Les enfants vont à l'école du quartier. Ils sont âgés de 6, 8 et 9 ans.

5 Le dimanche ils sortent jouer avec des amis. Les amis habitent à côté.

6 Anne travaille au Bureau du Tourisme. Elle est célibataire.

7 Elle habite une maison ancienne. La maison est près du village.

4

A bit of general knowledge. All the correct answers are there, but they are jumbled up. Make your answers emphatic and positive, like this:

Qui a dit "L'Etat, c'est moi"? *Picasso?* Non, **c'est Louis XIV qui a dit** "L'Etat, c'est moi."

1 Qui a dit "Il n'y a plus de Pyrénées"? *Marie Curie?*

2 Qui est-ce que les Anglais ont brûlé à Rouen? *Ferdinand de Lesseps?*

3 Qui a peint "Un Bar aux Folies-Bergères"? *Grace Kelly?*

4 Qui a découvert le radium? *Napoléon?*

5 Qui a chanté "Non, je ne regrette rien"? *Jeanne d'Arc?*

6 Qui a organisé la France Libre de 1940 à 1945? *Edouard Manet?*

7 Qui a épousé le prince de Monaco? *Charles de Gaulle?*

8 Qui a construit le Canal de Suez? *Edith Piaf?*

9 Quelle est l'île d'origine de Napoléon Bonaparte? *La Corse?*

5

You've just landed a job behind the information desk at the station; it isn't difficult as long as you're precise. In comes a lady who wants to go somewhere. Use the twelve-hour clock.

Vous	(good morning madam)
La dame	Bonjour. Est-ce qu'il y a des trains pour Auxerre aujourd'hui?
Vous	(there are four. There's a train which leaves at 10:30 and arrives at 12:15, or there's a train which leaves at 11:30 and arrives at 12:30)
La dame	Et l'après-midi?
Vous	(there's nothing before 5:30. But in the evening there's a train which leaves at 9 p.m. and arrives at Auxerre at 11.)
La dame	Oh! la, la! Je dois être à Auxerre avant six heures et je suis très occupée ce matin. Il n'y a vraiment pas de train l'après-midi?
Vous	(you're very sorry; there's nothing before 5:30)
La dame	Mais qu'est-ce que je vais faire?
Vous	(well, she can take the bus)
La dame	Ah bon?
Vous	(one moment, please. [*You find the timetable.*] Yes! There's a bus that leaves at 2:15 and gets to Auxerre at 5)
La dame	C'est un peu long . . .
Vous	(it's the only bus which leaves in the afternoon)
La dame	Quelle ligne faut-il demander?
Vous	(the bus for Auxerre . . . it's line 18. One has to go to the bus station)
La dame	Et où est la gare routière, s'il vous plaît?
Vous	(it's easy; it's very near the clinic)
La dame	La clinique?
Vous	(yes, the big white house that she can see . . . there)
La dame	Ah oui. Eh bien, merci beaucoup.
Vous	(not at all; goodbye)

6

Mlle Langue, the local gossip, has cornered you at a party.

Mlle Langue	Dites, vous voyez la fille là-bas?
Vous	(which girl? Oh yes, the girl who's talking with the old gentleman)
Mlle Langue	Oui, c'est ça. En bien, vous savez qui c'est?
Vous	(no, who is it?)
Mlle Langue	C'est Marie-Laure, la fille de Monsieur Pradonet!
Vous	(M. Pradonet? The gentleman who works in the chemist's?)
Mlle Langue	Oui, c'est ça.

Vous	(oh yes! She's the girl who went to Paris last year and who wants to be an actress, isn't she?)
Mlle Langue	(*snorts*) Actrice! Peut-être! Elle est rentrée la semaine dernière . . .
Vous	(well, she's come to see her parents.)
Mlle Langue	Mais ce n'est pas tout! Elle n'est pas venue seule!
Vous	(oh? Did she come with a girl friend then?)
Mlle Langue	Non! Elle est arrivée avec *deux* hommes!
Vous	(well, Marie-Laure is a girl who has always had lots of friends)
Mlle Langue	(*sniffs*) En effet, *beaucoup* d'amis. Eh bien, maintenant elle est fiancée!
Vous	(yes, you know. Her fiancé is the young man who is talking to Mme Jaze.)
Mlle Langue	Alors, ce n'est pas le vieux monsieur?
Vous	(good heavens no: the old gentleman she's looking at is Henri de Chaudfroid, who makes films)
Mlle Langue	Tiens . . . mais qu'est-ce qu'il fait ici?
Vous	(Marie-Laure's the actress whom he's chosen for his next film)
Mlle Langue	Euh . . .
Vous	(today we're celebrating [*célebrer*] two things: the contract that Marie-Laure has accepted, and the fiancé she's accepted)
Mlle Langue	(*chokes on her drink*) Mais comment savez-vous tout ça?
Vous	(it's very simple: Marie-Laure's fiancé is your cousin Patrick)

A propos . . .

Le vin

One of the first things people think of when they hear the word *France* is wine. Wine is produced all over the world, of course, but it can be argued that in France wine-making has reached its peak of perfection; certainly France, with its wide variety of soils and climates, produces the largest range of wines of any single country. Apart from the sun and rain, good soil and loving care that give even humble wines their character, the essential component is grapes—*les raisins*—which grow on *la vigne* (vine). *Les vignes* are cultivated by a wine-grower—*le vigneron*—in *le vignoble* (vineyard). After the crop—*la récolte*—is brought in, the grapes are pressed to release the juice. After that techniques vary according to the region and type of wine produced, but basically the juice is left to ferment in vats (*la cuve*) until it is ready for transfer to the great barrels (*le tonneau*) which line the cellar (*la cave*). After maturing, the wine is bottled—*mis en bouteilles*—and either sold or returned to the cellars to continue maturing on racks.

When the bottle finally reaches you, the label will tell you quite a lot about the wine. First, if you are spending a fair amount, expect to see the letters A.O.C., which stand for *Appellation d'Origine Contrôlée.* This means that the wine is guaranteed to come from the château, the estate (*le clos*) or the region stated on the label. In fact it is a criminal offense to misuse *les appellations*: a whole body of laws, the earliest dating from 1350, lay down specifications of the qualities and standards required if a wine is to have a particular name of origin. A little down the scale, but still checked by government officials, is a category known by the initials V.D.Q.S.—*vins délimités de qualité supérieure*—which means that the wines are above average. And at the foot of the scale (and in most shopping bags) there is always the simple *vin ordinaire.* The label will sometimes tell you where the wine was bottled (*mis en bouteilles au château/en Bourgogne/ en France*).

Wine regions

Except for the extreme North of the country—where they make cider and *calvados* (apple brandy)—virtually the whole of France produces wine. The main regions are:

Bordeaux: Around Bordeaux and to the Northwest red clarets are produced, for instance from the areas of Médoc and Pauillac, and to the South and East white wines including Graves, Sauternes and Montbazillac. Within these general areas individual châteaux produce their own wines.

Burgundy: Running South from Dijon, Burgundy subdivides into three regions. To the North, the hillsides of Côte de Nuits around Nuits-St. Georges, which produce many great wines named after the villages: Gevrey-Chambertin, Clos de Vougeot, Nuits-St. Georges, Vosne-Romanée. With the very highest quality Burgundies even the individual village names are subdivided into areas around the village. The next region is the Côte de Beaune, which produces Beaune, Pommard and the great white wines of Montrachet. And to the South, the Mâconnais which gives Mâcon, Pouilly-Fuissé (light and white) and Saint-Amour, before the region runs into the Beaujolais.

Rhône: South of Lyon, the valley of the Rhône is lined with vineyards producing strong red wines and, towards the South, rosé. While the rosé from Tavel is acknowledged to be the best in France, Rhône reds have often been rather looked down on—unjustly, as the region produces Châteauneuf-du-Pape and the various Hermitage wines.

The Loire valley: The Loire valley produces above all white wines, which tend to be little known outside France; obvious exceptions, though, are the sparkling whites from Vouvray and Saumur, and the rosé produced in Anjou. Towards the mouth of the Loire, you find the light, dry, white Muscadet.

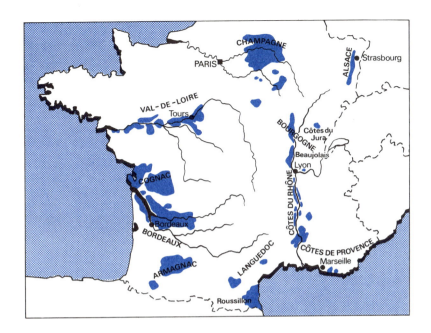

Alsace: In the East, Alsace produces white Rhine wines, which vary in flavor and body according to the type of grape used: sylvaner, traminer or riesling. Further South, the Jura mountains produce red and white wines, the latter including the legendary *vin d'Arbois,* which has to be tasted to be believed—it will never be forgotten—as well as amber-colored *vin jaune* from Château-Chalon.

When you're in France don't be afraid to ask for advice about *les vins de la région*—in restaurants, the waiters will think no less of you if you ask what he advises (*Qu'est-ce que vous conseillez?*) to go with a particular dish; on the contrary, he will appreciate your taking the meal seriously. And of course, you can always order the local wine—*le vin du pays.*

La pipette et le tastevin

These are two vital items in the wine-taster's equipment. *La pipette* is the small glass tube used for drawing a small quantity of wine from the top of the barrel; *le tastevin* is the small dish—traditionally silver—into which the wine is poured for tasting.

Here's to us!

It's polite to drink your companion's health in the first glass, and not just swallow it in silence: *A votre santé*! If someone drinks your health, you reply gracefully *A la vôtre*! (Here's to *yours*!) Incidentally, there's a strong anti-alcohol movement in France and you'll see plenty of roadside signs saying *"sobriété sécurité."* Take heed of them, or you may be stopped and subjected to the breath test (*l'alcotest*)!

Le bus . . . et le car

Le bus runs on routes inside towns and cities; for routes in the country or between towns, or for excursions, you take *le car.* At the bus stop (*l'arrêt d'autobus*) buses will stop for you unless you see the sign *facultatif* (request, literally "optional"). For buses to take you out of town you go to *la gare routière.*

State your opinions

Je sais Je crois Je pense Je suis sûr	**que** Jean-Pierre est parti.

Now you will learn how to qualify your statements and opinions by prefacing them with *je crois que, je pense que,* or with *à mon avis, selon moi,* and so forth. You will also learn how to make comparisons with adjectives and adverbs: *plus/moins/aussi . . . que.*

A room, classic scene of a crime. The outline of three bodies on the floor. A uniformed policeman guards the door. L'inspecteur and Maigret examine the room.

Maigret	A mon avis, c'est un triple crime.
L'inspecteur	Comment voyez-vous cela, Commissaire Maigret?
Maigret	Je suis convaincu qu'il y a eu trois cadavres.
L'inspecteur	Génial! Et comment voyez-vous l'assassin? Qu'est-ce que vous avez trouvé?
Maigret	Je pense que l'assassin est très intelligent. Trop intelligent! Mais je suis persuadé que c'est un criminel amateur. Il a certainement fait une erreur!
L'inspecteur	Et le mobile du crime?
Maigret	Mystère. Il est évident que l'assassin n'est plus dans cette pièce. Mais je suis sûr qu'il a laissé un indice.
L'inspecteur	Vous croyez?
Maigret	Je sais que la preuve est ici.
	Triumphantly Maigret opens a drawer and reaches inside.
Maigret	La voilà!
	He screams horribly and pulls out his hand stuck with pins.
L'inspecteur	Pensez-vous que les épingles sont empoisonnées, Maigret?
Maigret	Elémentaire, mon cher Inspecteur!
	And he drops dead.

comment voyez-vous cela?	*how do you make that out?*
génial!	*masterly! brilliant!*
comment voyez-vous l'assassin?	*what do you think the murderer is like?*
vous croyez?	*do you think so?*

1

Stating your opinion

Take a bald statement of fact:

Jean est parti à Paris.

To say that *you know, you think, you're sure,* that things are so, you can use a range of expressions:

more certain

je sais		*I know . . .*
je suis sûr/certain		*I'm sure/certain . . .*
je suis persuadé/convaincu	que Jean est	*I'm convinced . . .*
je crois	parti à Paris	*I believe . . .*
je pense		*I think . . .*
j'espère		*I hope . . .*

less certain

You can also use:

à	mon / votre	avis	*in*	*my / your*	*opinion*
d'après/selon	moi / vous		*according to*	*me / you*	

2

Knowing

There are two verbs for knowing: **savoir** and **connaître**. They are not interchangeable.

a) Use **savoir** on its own to say you know (or don't know) a fact:
Le vin est cher.   **Je sais.**
Où est Marie?   **Je ne sais pas.**

and in sentences as in note 1 above.
Je sais que la preuve est ici.

You can also use **savoir** to say that you *know how to* do something, in which case it's followed by an infinitive:
Je sais faire une omelette. C'est très facile.

b) Use **connaitre** to say you know *people* and *places*:

Je connais	Montmartre Paris un bon restaurant près d'ici Sacha Distel le mari de Sylvie votre cousin

3

Making comparisons

To say something is *bigger, better, more expensive* and so on use **plus** (*more*):

Pierre est **plus grand** maintenant.

Les bananes sont **plus chères** aujourd'hui.

For *not so big, not so expensive* etc. use **moins** (*less*):

Les fruits sont **moins chers** au marché.

Les bus sont **moins fréquents** le dimanche.

If you want to go on and compare two things use **que**:

Paris est **plus grand que** Marseille.

La vie est **plus chère** à Paris **qu'**en province.

You can make the comparison even more emphatic:

La vie est **beaucoup plus chère** à Paris **qu'**en province.

As usual, expressions of quantity are followed by **de** (see also book 1 p. 63):

A Paris il y a **plus de**	monde circulation théâtres possibilités pour dépenser son argent

---

1*

Dominique wanted to find out something about the average French woman's attitude to Paris. She spoke first to a young married woman, Mme Fiastre . . .

Dominique	Vous êtes aixoise?
Mme Fiastre	Non. Pas du tout. Je suis marseillaise.
Dominique	Vous avez toujours habité Marseille?
Mme Fiastre	Oui, toujours. Je suis née à Marseille.
Dominique	Mais est-ce que vous connaissez Paris?
Mme Fiastre	Oui, je connais Paris, bien sûr. J'y suis déjà allée.

Dominique	Quels sont selon vous les avantages à habiter en province?
Mme Fiastre	Oh, à habiter Marseille, il y a de nombreux avantages. La ville est moins grande, on peut sortir facilement de la ville, on peut aller à la plage, on peut aller à la campagne, on peut aller pique-niquer le dimanche si on en a envie.
Dominique	Donc vous pensez que c'est plus agréable?
Mme Fiastre	Je pense que c'est plus agréable.
Dominique	Et est-ce que vous avez l'impression que la vie est moins chère ici?
Mme Fiastre	Non, j'ai l'impression que la vie est aussi chère à Marseille qu'à Paris.
Dominique	Une supposition: vous pouvez choisir la ville où vous allez habiter. Quelle ville choisissez-vous, Madame Fiastre?
Mme Fiastre	Je crois que je préfère rester à Marseille.

2*

Next she spoke to a woman who lives and works in Aix, but came originally from Alsace.

Dominique	Mademoiselle Bres, vous êtes aixoise?
Mlle Bres	Oui, je travaille à Aix et j'habite Aix, mais je viens d'Alsace.
Dominique	Est-ce que vous connaissez Paris?
Mlle Bres	Oui, j'y suis allée plusieurs fois. Je connais surtout le Quartier Latin.
Dominique	Est-ce que vous pensez, Mademoiselle Bres, que la vie en province est plus agréable ou moins agréable qu'à Paris?
Mlle Bres	Je crois que la vie est plus agréable en province—les distances sont plus courtes, la ville est plus petite, on peut aller voir les amis plus facilement, c'est très agréable.
Dominique	Mais est-ce qu'il n'y a pas selon vous des avantages à habiter Paris?
Mlle Bres	Oui. Surtout pour les activités culturelles—le théâtre, le cinéma, les concerts, les expositions . . . et il y a énormément de choses à acheter.
Dominique	Une supposition: vous pouvez choisir la ville où vous allez habiter. Quelle ville choisissez-vous?
Mlle Bres	Je pense que j'aimerais habiter Paris et que je voudrais y vivre deux ou trois ans.
Dominique	Et pourquoi?
Mlle Bres	Pour voir la différence qu'il y a entre la province et Paris, pour vivre follement, comme les gens vivent à Paris.

3

Finally Françoise, who comes from Marseille and who likes small town life . . .

Dominique	Vous êtes aixoise?
Françoise	Non, je suis marseillaise.
Dominique	Vous connaissez Paris?
Françoise	Oui, j'ai habité Paris un an.
Dominique	Quels sont selon vous les avantages à habiter la province?
Françoise	Je pense que les villes de province sont beaucoup plus agréables, il y a moins de monde d'abord, moins de problèmes de circulation, et aussi la vie y est moins agitée.
Dominique	Est-ce que vous pensez quand même qu'il y a des avantages à habiter Paris?
Françoise	Oui, je crois que Paris est la plus belle ville du monde—il y a beaucoup de cinémas, de théâtres, et . . . il y a beaucoup de choses à voir aussi.
Dominique	Est-ce que vous avez l'impression que la vie est moins chère en province qu'à Paris?
Françoise	Cela dépend, mais je pense que la vie à Paris de toute façon est beaucoup plus chère qu'en province. On a beaucoup plus de possibilités de dépenser son argent.
Dominique	Une supposition: si vous pouvez choisir la ville où vous allez habiter, quelle ville choisissez-vous?
Françoise	Je pense que je choisis une petite ville . . . mais près d'une grande capitale.

Expressions

selon vous	*according to you*
les avantages à habiter en province	*the advantages of living in the provinces*
il y a de nombreux avantages	*there are plenty of advantages*
quelle ville choisissez-vous?	*which town would you choose?*
si on en a envie	*if you feel like it*
je connais surtout le Quartier Latin	*I know the Latin Quarter best*
il y a énormément de choses à acheter	*there are heaps of things to buy*
j'aimerais habiter Paris	*I'd like to live in Paris*
pour vivre follement	*to lead a mad life*
la vie y est moins agitée	*life is less hectic there*
de toute façon	*anyway*
on a beaucoup plus de possibilités de dépenser son argent	*there are far more opportunities for spending your money*

1

A little harmless gossip. You're in the street with a friend when you see M. Leroux with another woman! State your opinion as in the example.

Regardez! C'est M. Leroux. (*you believe*)

Je crois que c'est M. Leroux.

1 Mais la femme . . . Ce n'est pas Mme Leroux. (*you're sure*)
2 Hmm . . . Mme Leroux est à Lyon cette semaine. (*you've the impression*)
3 Elle n'aime pas partir sans M. Leroux. (*you know*)
4 M. Leroux sort avec d'autres femmes. (*she thinks*)
5 Mais ce n'est pas vrai. (*you're convinced*)
6 Il travaille avec cette femme. (*you think*)
7 Ils ont déjeuné ensemble. (*you believe*)
8 C'est tout. (*you're certain*)
9 Tout va bien chez les Leroux. (*in your opinion*)

2

Fill in the gaps with the correct part of *savoir* or *connaître* depending on the context:

1 Josette .... l'ambassadeur depuis cinq ans.
2 Qui est le maire d'Aix-en-Provence? Je ne .... pas.
3 Nous .... le Palais des Ducs.
4 Pierre est un très vieil ami. Je le .... très bien.
5 ....-vous la Bretagne?
6 Je .... qu'il faut faire des exercices pour apprendre le français.
7 Je voudrais .... à quelle heure part le prochain train.
8 Bien sûr, nous .... Marseille. Nous sommes marseillais.
9 Vous .... où il faut aller pour louer une voiture?
10 Les enfants .... que j'adore les gâteaux.

3

Make up as many comparisons as you can. You should be able to make two for every adjective we've given. For example:

petit   Murielle est **plus grande qu'**Anatole.

Anatole est **moins grand** que Murielle.

and so on . . .

petit
grand

Anatole   Murielle

1 intelligent

Béatrice   Alfred

2 active
  fatiguée

Mme Delage   Mme Morphe

3 calme

La
maison
des Martin

La
maison
des Dupont

4 charmante

Pierette   Gertrude

5 galant

M. Lemaître   M. Rappin

6 honnête

Guy

Georges

7 pauvre
  riche

La
comtesse
de Sartrouville

Mme Chiffon

8 vieux (vieille)
  jeune

L'oncle
Jerôme

La tante
Véronique

4

You've lost your bag. So you go to the police, who want the details.

L'agent	Oui madame?
Vous	(you've lost your bag)
L'agent	Un sac. Oui madame. Savez-vous où vous l'avez perdu?
Vous	(you think you lost it in rue de la République)
L'agent	Quand?
Vous	(you don't know. It's terrible!)
L'agent	Mais vous devez avoir une idée. Hier? Aujourd'hui?
Vous	(this morning. You bought some post cards at 11 o'clock. Yes. You're sure you lost it after that.)
L'agent	Voulez-vous me donner une description du sac? Couleur?
Vous	(it's a blue bag.)
L'agent	Qu'est-ce qu'il y a dans le sac?
Vous	(there's some money—you think there's about 100 francs. Your passport. Ah yes—and the postcards . . . and you know there's a packet of cigarettes in the bag.)
L'agent	C'est tout?
Vous	(yes, you believe that's all)
L'agent	Avez-vous pris un café au drugstore ce matin, madame?
Vous	(that's it! You're convinced you left the bag at the drugstore)
L'agent	Le directeur a téléphoné, madame. Votre sac est là.

5

You've just been stopped in the street by a young woman doing a report on people's attitudes towards Paris and the provinces. You're a man.

La femme	Excusez-moi. Est-ce que vous connaissez Paris?
Vous	(you know Paris very well. You live there.)
La femme	Vous êtes parisien?
Vous	(you're from Angers, but you live in Paris now)
La femme	Vous préférez vivre à Paris ou en province?
Vous	(oh Paris. That's certain.)
La femme	Mais vous ne trouvez pas qu'il y a des avantages à habiter en province?
Vous	(of course. You're sure that life is more expensive in Paris, you know that the town is noisy. And everyone thinks that the Parisians are less pleasant, but it's not true in your opinion.)
La femme	Alors, la vie en province?
Vous	(ah! It's very pleasant; you believe that it's less expensive too and you're certain that everything is quieter, but . . .)
La femme	Eh bien?
Vous	(you have the impression that in the provinces there are fewer cultural activities—concerts, theaters, films and all that)
La femme	Alors, vous n'aimez pas du tout la province?
Vous	(oh yes; in your opinion the provinces are very pleasant for holidays—but only for holidays)
La femme	Mais pour habiter vous préférez Paris!
Vous	(you love it—and it's important for your work)
La femme	Ah oui? Qu'est-ce que vous faites dans la vie?
Vous	(you're an actor—and there are lots of theaters in Paris)
La femme	Mais il y a des théâtres en province aussi.
Vous	(you know)
La femme	Vous avez travaillé en province?
Vous	(yes, and in your opinion it's very interesting. You often go to Lyon; you're convinced it's an important center for theater)
La femme	Et les autres villes?
Vous	(you know there's a good theater in Marseille, then there's Avignon, and Bourges . . . there are a lot of very interesting things in the provinces in your opinion)

A propos. . .

Les accents

Most of the time foreign visitors are too busy trying to understand what people say to notice differences in pronunciation in French. In point of fact, the way French is pronounced varies immensely, depending on the region people come from, as well as on their education and their social background.

There is, admittedly, a "standard" pronunciation used in much of the mass media and in teaching the language to foreigners. But Paris alone has a range of accents, from the muted cadences of salons in the upper-crust Faubourg Saint-Germain to the salty, fast speech of the poor neighborhoods to the north of the city like St. Denis. Besides this, every region has its own accent.

The main distinction is between northern and southern accents; the further south you go, the more frequently people pronounce the silent *e* at the end of words, so that the phrase *la grande bouteille,* which has four syllables in Paris, will have six in Toulouse. Again, in certain parts of the South, people tend to roll the *R* behind the teeth, and nasal vowels are pronounced clear, so that *blanc* is pronounced by many southerners approximately like "blung."

If you really can't understand a word people around you are saying, don't despair: it's possible they aren't speaking French at all. In Britanny the Breton language, a close relative of Welsh, Erse and Gaelic, is alive and well, and in the Basque country, in the Southwest on the Biscay coast, the mysterious Basque language is still thriving, while in Strasbourg and the nearby area along the frontier, many people speak a dialect of German. These languages are often prized as symbols of cultural identity, and much is made of them by regionalist and separatist movements even when, as is the case of the dialects of the Southwest, they aren't profoundly different from French.

Where people come from

The words for nationalities can be used to describe people or things (*le célèbre acteur français/la cuisine française*) or to stand for people from the country in question, in which case there's a capital letter (*un Français/ une Anglaise/des Italiens/des Américaines*). The same holds good for regions. For instance:

la Normandie:	une vache normande	un Normand
la Gascogne:	le vin gascon	une Gasconne
la Provence:	la littérature provençale	un Provençal
l'Alsace:	un restaurant alsacien	un Alsacien

Note: an Alsatian dog is *un berger allemand.*

For towns the main endings are:

-ien:	Paris	*parisien*	-ais:	Dijon	*dijonnais*
	Calais	*calaisien*		Lyon	*lyonnais*
-ois:	Aix	*aixois*		Marseille	*marseillais*
	Lille	*lillois*		Rouen	*rouennais*
	Nice	*niçois*	-ain:	Toulouse	*toulousain*

Le Tour de France is almost certainly the world's most important cycling event, and while it is being run the whole country becomes obsessed with it, like the British with Wimbledon and the Americans with the World Series. The route is changed each year, but it is always planned to include a full range of road conditions: straight and winding, flat and mountainous. Despite its name, *le Tour de France* isn't limited to French territory: it often starts in Belgium or the Netherlands, and in 1974 even included a lap in the South of England. Given the distances involved, the route is divided into stages (*une étape*) calculated so that the day's pedaling ends in towns with adequate hotel and restaurant accommodation for the riders and their retinue of trainers, doctors, mechanics, reporters . . . and traffic police. It is a highly commercial event and the eventual champion is awarded considerable prizes in cash and kind! But at any stage of the race you can pick out the current overall leader—he wears the symbolic yellow shirt—*le maillot jaune.*

Giving your reasons

Pourquoi êtes-vous triste?

Parce que (qu')	Pierre est parti. j'ai perdu mon sac. je n'ai plus d'argent. il faut travailler.

In this chapter you will begin to make longer sentences by linking ideas. You will ask for and give reasons, using *pourquoi? parce que* (with clauses) and *à cause de* (with nouns).

An empty room. On a ladder a painter, Jacques, is painting the top part of a wall. Another painter, Henri, arrives with a bucket and brush.

Henri	J'ai besoin de l'échelle!
Jacques	Pour quoi faire?
Henri	Pour peindre le mur de la chambre voisine.
Jacques	Pourquoi tu veux le peindre maintenant?
Henri	Parce que j'ai déjà fini le bas du mur. Je suis plus rapide que toi.
Jacques	Moi je suis moins rapide, alors tu vas attendre un petit peu.
Henri	Je suis plus pressé que toi. Pourquoi attendre?
Jacques	Parce que je n'ai pas fini.
	Henri shrugs and goes to the foot of the ladder.
Henri	Bon. Est-ce que ton pinceau est plus solide que le mien?
Jacques	Pourquoi?
Henri	Parce que tu vas t'accrocher au pinceau. Moi je prends l'échelle.
	Henri takes the ladder, leaving Jacques hanging from his brush.
Jacques	Tu reviens bientôt?
Henri	Pourquoi?
Jacques	Parce que le pinceau n'est pas à moi! Je dois le rendre!

Expressions

pour quoi faire?	*what for?* (lit. *to do what?*)
la chambre voisine	*the room next door*

le bas du mur	*the lower part of the wall*
tu vas attendre un petit peu	*you can just wait a bit!*
pourquoi attendre?	*why wait?*
plus solide que le mien	*stronger than mine*
tu vas t'accrocher au pinceau	*you can hang on to the paintbrush*

Explanations

1

Why? Because!

a) To ask "why?" use **pourquoi?**

Pourquoi	allez-vous à St. Tropez? faites-vous vos courses au marché? n'aimez-vous pas les escargots? ces questions?

Pourquoi? and **pourquoi pas?** can also be used on their own, like *why?* and *why not?* in English.

Je préfère habiter Paris. **Pourquoi?**
Je ne voudrais pas habiter en province. **Pourquoi pas?**

You can also use **pourquoi pas** to express lukewarm enthusiasm:
Voulez-vous aller au cinéma avec moi? Oui, **pourquoi pas**?

b) *Because* is **parce que**

Je vais au marché **parce que (qu')**	c'est moins cher. c'est plus pratique. il y a un plus grand choix. je n'aime pas les supermarchés.

c) *Because of* is **à cause de**:

Nous restons à la maison **à cause du** froid.
On ne peut pas sortir **à cause des** enfants.

2

How often
There are a range of expressions for saying how often things occur:

toujours	*always*
souvent	*often*
rarement	*rarely, hardly ever*
jamais	*never* (it's negative, so **ne** . . . is used too)

The normal position for these words is *after* the verb.

	toujours à Cannes
Je vais	**souvent** à Biarritz
	rarement à Bordeaux . . .

mais je **ne** vais **jamais** à Lille.

To say how regularly things happen you can use expressions with **tous** or **toutes**:

toutes les cinq minutes	*every five minutes*
tous les matins	*every morning*
tous les jours	*every day*
tous les lundis	*every Monday*
toutes les semaines	*every week*
tous les ans	*every year*

3

Neither . . . nor

Neither . . . nor is **ni . . . ni**. It's a negative expression so you have to use **ne** as well.

Je **n'**ai **ni** le temps **ni** le courage de faire la cuisine.
Ni Paul **ni** Charles **n'**aime faire la cuisine.

1*

Is France really the country of "la haute cuisine"? As Burgundy is famous for its cooking, Jean Maisonnave asked a number of housewives in Dijon about their eating and cooking habits—first a young married woman . . .

Jean	Jacqueline, que mangez-vous à un repas normal?
Jacqueline	A un repas normal je mange des légumes verts, peu de viande et des fromages ou des fruits.
Jean	Quelles sortes de légumes, par exemple?
Jacqueline	Des légumes verts surtout, des choux-fleurs, des carottes.
Jean	Et comme viande?
Jacqueline	Et comme viande, généralement les moins chères.
Jean	Et pourquoi mangez-vous si peu de viande?
Jacqueline	Je n'aime pas spécialement la viande, et en plus ce sont des aliments très très chers.
Jean	Vous mangez beaucoup de fruits?
Jacqueline	Beaucoup, oui.
Jean	Et pendant les repas est-ce que vous buvez toujours du vin?
Jacqueline	Non, pas toujours. Si je suis toute seule je ne bois pas de vin.
Jean	Que buvez-vous?

Jacqueline	De l'eau.
Jean	Est-ce que pour vous la cuisine est une chose importante?
Jacqueline	Non.
Jean	Pourquoi?
Jacqueline	Parce que je n'ai ni le temps ni le courage de la faire, et qu'il m'est peu important de manger bien ou moins bien.
Jean	Une des plus grandes spécialités en Bourgogne ce sont les escargots. Est-ce que vous en mangez souvent, rarement ou jamais?
Jacqueline	Rarement.
Jean	Et du coq au vin?
Jacqueline	Rarement aussi.
Jean	Et des cuisses de grenouilles?
Jacqueline	Rarement aussi.
Jean	Pourquoi?
Jacqueline	Parce que c'est difficile à préparer, c'est cher, et je vais rarement au restaurant.

2

Now a woman who is also something of a teetotaler.

Jean	Mademoiselle, que mangez-vous à un repas normal?
La femme	Alors moi, je mange une entrée, avec beaucoup de crudités, de la salade, des tomates, et ensuite je mange un plat avec peu de viande en sauce, plutôt des grillades, et des légumes verts.
Jean	Et comme dessert?
La femme	Comme dessert les fruits ou des tartes, toujours avec des fruits, mais j'aime mieux les fromages.
Jean	Est-ce que vous buvez du vin pendant les repas?
La femme	Non.
Jean	Alors que buvez-vous?
La femme	De l'eau.
Jean	Mais la grande cuisine bourguignonne, par exemple, vous la faites tous les jours?
La femme	Non, malheureusement.
Jean	Pourquoi?
La femme	Parce que je n'ai pas le temps, et c'est trop cher pour moi aussi.
Jean	Une des grandes spécialités bourguignonnes ce sont les escargots. Est-ce que vous en mangez souvent, rarement ou jamais?
La femme	Je mange des escargots rarement.
Jean	Et le coq au vin?
La femme	Rarement aussi.
Jean	Et les grenouilles, par exemple?

La femme	Presque jamais.
Jean	Pourquoi?
La femme	Parce que c'est très cher et difficile à trouver.

3*

And finally Madame Hatsfeld, the mother of a large family, whose husband is a University teacher.

Mme Hatsfeld	Nous mangeons de la cuisine très simple. Tous les jours des légumes, pas tous les jours de la viande.
Jean	Est-ce que vous mangez des fromages?
Mme Hatsfeld	Oui. Tous les jours du fromage ou du yaourt.
Jean	Et comme dessert?
Mme Hatsfeld	Des fruits.
Jean	Est-ce que vous mangez beaucoup de viande?
Mme Hatsfeld	Non.
Jean	Pourquoi?
Mme Hatsfeld	Elle coûte très cher, et puis il faut du temps pour la préparer.
Jean	Et des grenouilles?
Mme Hatsfeld	Jamais!
Jean	Pourquoi?
Mme Hatsfeld	Peut-être parce qu'il est rare d'en trouver chez les commerçants et puis que c'est long à préparer.
Jean	Et pendant les repas, est-ce que vous buvez du vin?
Mme Hatsfeld	Non.
Jean	Alors quoi?
Mme Hatsfeld	De l'eau. L'eau du robinet.
Jean	On dit que la France est le pays de la grande, de la haute cuisine. Est-ce que pour vous la cuisine est une chose importante?
Mme Hatsfeld	Pas du tout.
Jean	Et pourquoi?
Mme Hatsfeld	Parce que cela prend beaucoup de temps de faire de la grande cuisine. J'aime cuisiner certains jours, mais j'ai d'autres intérêts dans la vie.
Jean	Est-ce que vous mangez souvent au restaurant?
Mme Hatsfeld	Très rarement. La famille française moyenne mange à la maison d'une manière assez simple.

Exercises

1

Cause and effect—combine the pairs of sentences into one sentence so as to present the reason why, using **parce que**.

J'ai besoin d'un kilo de pommes. Alors je descends au marché.

Je descends au marché **parce que** j'ai besoin d'un kilo de pommes.

1 Je n'ai plus d'argent. Alors je vais passer à la banque.
2 La route est dangereuse. Alors il faut faire attention.
3 Elle adore la mer. Alors elle passe toutes ses vacances à Cannes.
4 Il a fait très beau. Alors nous sommes allés déjeuner dans la forêt.
5 Grand-mère nous attend. Alors nous allons rentrer à la maison.
6 C'est une ville très animée. Alors j'aime habiter Lyon.
7 Ils ont travaillé toute la journée. Alors ils tombent de fatigue.
8 Ils aiment les animaux. Alors les enfants vont souvent au zoo.

2

Pourquoi? Parce que . . .

Pourquoi partez-vous?
Je pars **parce qu'il est neuf heures**.

1

Pourquoi est-ce que Mme Latrombe
va à Nice?

2

Pourquoi est-ce que vous n'achetez
pas de pâté?

3

Pourquoi est-ce que vous ne venez pas au
cinéma?

4

Pourquoi est-ce que Léon oublie toujours ses
rendez-vous?

5

Pourquoi est-ce que les voisins n'aiment
pas Pierre?

6

Pourquoi est-ce que les enfants ne sont
pas à la plage?

7

Pourquoi est-ce que vous n'achetez pas le
chapeau?

8

Pourquoi est-ce que Lucie ne va pas à la piscine?

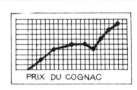

9

Pourquoi est-ce que vous n'achetez plus
de cognac?

10

Pourquoi est-ce que les Français ne travaillent
pas aujourd'hui?

3

Say what you do when you go to Paris—and how often.

   Vous visitez quelquefois Paris? (*every year*)

   Oui, je visite Paris **tous les ans**.

  1 Vous êtes déjà allé au Louvre? (*often*)

  2 Vous aimez voir Montmartre? (*always*)

  3 Vous marchez dans le Quartier Latin? (*every day*)

4 Vous prenez des photos? (*every five minutes*)

5 Vous allez aux bons restaurants? (*rarely*)

6 Vous êtes descendu dans les catacombes? (*never*)

7 Vous êtes déjà allé chez Dior? (*once*)

8 Vous avez des rendez-vous avec vos amis? (*every evening*)

9 Vous avez nagé dans la Seine? (*never*)

10 Vous dépensez tout votre argent? (*always*)

4

Dirty work on the fourth floor landing; your neighbor has been burglarized. So an inspector calls . . . but you've got an attack of flu (*la grippe*) which has left you a bit deaf (*sourd*). Assume you're a man.

L'inspecteur	Vous avez passé toute la soirée chez vous?
Vous	(yes, you stayed at home because you've got flu)
L'inspecteur	Et qu'est-ce que vous avez fait pendant la soirée?
Vous	(you arrived home at 6:30; you took some aspirin and whisky, because you've got flu)
L'inspecteur	Et ensuite?
Vous	(then you telephoned your mother because she's going to Nantes tomorrow. After that you prepared the dinner and you ate)
L'inspecteur	Et vous n'avez rien entendu chez votre voisin?
Vous	(no, you heard nothing, because you're a little deaf because you've got flu)
L'inspecteur	Je suis certain que les voleurs ont fait beaucoup de bruit. Un voleur est tombé et ils ont cassé un vase chinois.
Vous	(good lord!—what did they steal?)
L'inspecteur	Toute la collection de votre voisin: des tableaux anciens et de la porcelaine.
Vous	(that's terrible; of course, you've never gone into the flat because the gentleman is a bit bizarre—he likes being alone . . . perhaps because he thinks you're going to steal his collection)
L'inspecteur	Sans doute, sans doute. Vous êtes sûr que vous n'avez vraiment rien entendu?
Vous	(you're sure; it's impossible because you listened to some music, then you watched television)
L'inspecteur	Qu'est-ce que vous avez vu?
Vous	(you watched a film—a very noisy film)
L'inspecteur	Quel genre de film?
Vous	(what a coincidence!)
L'inspecteur	Pourquoi?
Vous	(because in the film they stole the pictures from a museum)

5

You are at a party; the hostess has decided to take an interest in you.

L'hôtesse	Tiens, mais votre verre est vide. C'est bien votre verre?
Vous	(yes, it's your glass)
L'hôtesse	Je vous donne du champagne. Ça va?
Vous	(that's perfect; thanks)
L'hôtesse	On ne vous voit pas très souvent. C'est dommage.
Vous	(it's because you went to England)
L'hôtesse	Ah? Mais pourquoi l'Angleterre? Où êtes-vous allé?
Vous	(you went to Stoke because your sister is married to an Englishman; they live there)
L'hôtesse	Oui? Vous avez aimé la ville? Je ne la connais pas.
Vous	(oh! The countryside is superb)
L'hôtesse	Je suis sûre que vous n'avez pas aimé la cuisine anglaise.
Vous	(well . . . there aren't many good restaurants, but you ate very well at home)
L'hôtesse	Ah! Il y a donc du progrès!
Vous	(yes, because you have the impression that the English travel a lot: they like French cooking, Italian cooking, Indian cooking)
L'hôtesse	La cuisine indienne? Je n'ai jamais essayé la cuisine indienne.
Vous	(she must try it: it's very interesting and very good)
L'hôtesse	C'est un peu difficile par ici . . .
Vous	(you know, because there aren't any Indian restaurants in town)
L'hôtesse	Mais pourquoi la cuisine indienne en Angleterre?
Vous	(because of the empire and all that)
L'hôtesse	Ah oui, bien sûr. Vous avez fait autre chose?
Vous	(you visited London because you like going to the theatre, and because of the museums and the shops. You went to Oxford too, because you spent three months there last year.)
L'hôtesse	Dites donc! A votre avis, quelle ville est la plus intéressante—Oxford ou Cambridge? Ma fille doit passer une année en Angleterre, et je voudrais savoir où elle doit aller.
Vous	(I think Cambridge is more beautiful than Oxford. But I have a lot of friends who prefer Oxford.)
L'hôtesse	Alors c'est entendu: Odile va soit à Oxford, soit à Cambridge. Elle peut choisir pour elle-même.
Vous	(ah! there's Odile now! Excuse yourself.)

A propos . . .

Mme X a voté

Voting

The voting age in France was lowered to 18 in 1973 in line with the general European trend. The actual mechanics of voting in France are rather unusual: during the pre-election campaign each registered elector receives, along with the usual leaflets, a set of slips of paper, each one of which carries the name of one of the candidates. On polling day you go to the polling station armed with your identity papers; having put your chosen candidate's slip of paper into an anonymous envelope, you drop it into the ballot box (**l'urne**) while the official in charge says loudly "*Zénobie Trouille* (or whatever your name is) *a voté!*"

Les sondages d'opinion

Public opinion polls, based on questionnaires or on in-depth interviews with a random sample of the population, are a frequent feature of French life—and not only where political views are concerned: one of the largest recent polls was designed to assess and compare the quality of life in various French cities (and, incidentally, Tours came out on top). The main commercial organizations you'll see mentioned in newspapers are *l'IFOP (Institut Français de l'Opinion Publique)* and *la SOFRES (Société Française des Enquêtes par Sondage),* which are not to be confused with the State's own *INSEE (Institut National de Statistique et d'Etudes Economiques),* which also runs the national census.

Le menu/la carte

If you want to choose your own dishes in a restaurant—to eat à la carte— ask for *la carte. Le menu* is a set meal with a set price. The amount of choice available to you in *le menu* varies from restaurant to restaurant, but usually you'll be offered at least two alternatives for each course. And restaurateurs are obliged to tell you on *le menu* whether drink is extra *(boisson en sus)* or included *(boisson comprise)*—in the latter case it will normally be a beer, a small mineral water or a quarter liter of wine.

Small neighborhood restaurants generally offer only one fixed menu, which changes daily: at the other end of the scale, the largest, most elegant ones usually operate entirely *à la carte.* The majority in between give customers the choice between *à la carte* and *le menu à 17 francs, le menu touristique,* and even *le menu gastronomique,* which will be the most expensive meal, and the largest, after which you may be tempted to go for the increasingly widely available dieters' menu: *le menu basses calories.*

22 Talking about the past-revision

In this chapter you will learn to describe and discuss past events, using the perfect tense with *avoir* and *être* and the appropriate expressions of time.

A spiritualist seance. Several people around a table, holding hands.

Le médium	Esprit, es-tu là? Si tu es là, frappe un coup. Sinon, frappe deux coups.
	There are three knocks.
Le médium	(*very disturbed*) Mon Dieu! Pourquoi a-t-il fait cela? Euh, esprit, où habites-tu? Au ciel, frappe un coup. En enfer, frappe deux coups!
	There are three knocks.
Le médium	L'esprit n'habite nulle part! Esprit, comment t'appelles-tu? Si tu es Napoléon, frappe un coup. Si tu es Jeanne d'Arc, frappe deux coups.
	There are three knocks.
Le médium	(*troubled*) Esprit, nous savons que tu es entré en communication avec nous, que tu es venu parmi nous.
	There are three knocks.
Le médium	J'ai l'impression que nous avons fait quelque chose que tu n'aimes pas. Esprit! Que veux-tu? Si tu veux quelque chose frappe un coup. Si tu ne veux rien, frappe deux coups.
	There are three knocks.
Le médium	(*angry*) Esprit! Pourquoi frappes-tu trois coups? Pourquoi trois coups?
	At that moment we hear the noise of a door being broken down and a meter reader appears with a pocket torch and a note-book.
L'employé	Voilà dix minutes que je frappe! Pourquoi n'ouvrez-vous pas? Je viens pour l'électricité!

Expressions	frappe un coup	*knock once*
	au ciel	*in heaven*
	l'esprit n'habite nulle part	*the spirit doesn't live anywhere*
	je viens pour l'électricité	*I've come about the electricity*

1

Talking about the past

You can use the perfect tense—made with **avoir** or **être** and the past participle—to talk about things that are over and done with. And you can be more precise by adding an expression of time. By using the perfect tense you can now talk about:

a) the distant past:

Louis XIV est **né** en 1638.
Napoléon Bonaparte **est devenu** empereur en 1804.
Marie Curie **a reçu** le Prix Nobel deux fois—en 1903 et en 1911.

b) less distant events, such as your own life story. For example, if you are a woman:

Je suis née à Tarbes le 29 février 1932.
J'y suis restée jusqu' à l'âge de 18 ans.
J'ai commencé mes études à Toulouse l'année suivante.
J'ai habité Toulouse pendant 4 ans.
En 1954 **je suis devenue** infirmière.
De 1954 à 1959 **j'ai travaillé** à Rodez.
Ensuite **j'ai quitté** Rodez et **je suis venue** à Aix.

c) or even very recent events in the past, e.g., for a man:

Ce matin **je suis sorti** à huit heures.
Je suis arrivé à mon travail à huit heures et demie.
J'ai travaillé jusqu' à midi.
Je suis rentré à la maison à midi et demi.

But to talk about things you *have been doing* up to and including the present moment, use **depuis** and the present tense:

J'attends Julie **depuis** vingt minutes.
I've been waiting for Julie for twenty minutes (and I'm still waiting).
J'habite Aix **depuis** dix ans.
I've been living in Aix for ten years (and I still live there).

But if the action is over and done with, use the perfect with **pendant**:

J'ai attendu Julie **pendant** vingt minutes.
I waited for Julie for twenty minutes (then I gave up and went home).
J'ai habité Aix **pendant** dix ans.
I lived in Aix for ten years (then I moved somewhere else).

Remember that if the *thing you bought,* the *person you saw,* etc., comes *before* the verb, the past participle behaves like an adjective:

J'ai rencontré les filles hier.
Je **les** ai rencontr**ées** hier.
Voilà **les filles** que j'ai rencontr**ées** hier.
Quelles filles avez-vous rencontr**ées** hier?

2

Asking questions

You already know three ways of asking questions such as *have you got many children?*:

a) By using the same words in the same order as when you are making a statement, but making the pitch of your voice rise.

b) By adding **est-ce que** to the beginning of the question.

c) By reversing the normal word order.

a) **Vous avez**	
b) **Est-ce que vous avez**	beaucoup d'enfants?
c) **Avez-vous**	

These questions are really only asking for confirmation or otherwise—i.e. a *yes/no* answer. If you want more precise information, you use a question word (**pourquoi, quand, à quelle heure, quel,** etc.). In this case, form your question like types b) or c) above.

Pourquoi	**allez-vous** **est-ce que vous allez**	à Paris?
Quand	**êtes-vous** **est-ce que vous êtes**	parti?
Où	**avez-vous** **est-ce que vous avez**	vu les enfants?

Here are some more examples from the texts:

Où **habites-tu?**
Combien d'années **avez-vous fait** dans l'armée?
Pourquoi **avez-vous choisi** Aix-en-Provence?

If the subject is not a pronoun (*je, vous, il, on,* etc.) but a *noun (Pierre, mon mari, la maison, le pâté),* form the question with **est-ce que** (i.e., type b above):

Statement: Pierre est parti à Paris.
Questions: **Est-ce que** Pierre est parti à Paris?

| Pourquoi Quand A quelle heure | est-ce que Pierre est parti à Paris? |

Remember, though, how to ask where things or people are by starting **Où est . . . ?** or **Où sont . . . ?**

| **Où est** | Nantes? Pierre? -il? | **Où sont** | les grands magasins? les enfants? -elles? |

and how much things cost:

Combien	**coûte** la veste?
	coûtent les oranges?

3

Adding on sentences

If you want to add more than one sentence to the main one, you usually
have to repeat the link word (**quand, que, où**, etc.):

Voilà la maison **où** je suis né et **où** j'ai passé toutes mes vacances.

Parce que is rather long to keep repeating and so it is shortened to **que**.
For example, M. Renaudin's three reasons for choosing Aix:

J'ai choisi Aix parce que	c'est une ville pleine de charme.
	ses habitants sont agréables.
	la vie et la qualité de la vie y sont
	remarquables.

What he said was:

J'ai choisi Aix-en-Provence **parce que** c'est une ville pleine de charme,
que ses habitants sont agréables et **que** la vie et la qualité de la vie y sont
remarquables.

1*

*Aix-en-Provence attracts not only visitors from all over France, but
residents too, and a very high proportion of aixois come from other parts
of France. What is it that makes Aix so attractive to outsiders? Georges
Millot went to find out. He spoke first to a man who works at the town
hall—Monsieur Colliot.*

Georges	Nous sommes chez Monsieur Colliot. Monsieur Colliot travaille à la mairie d'Aix-en-Provence. Monsieur Colliot, vous habitez Aix-en-Provence, mais vous n'êtes pas natif?
M. Colliot	Ah non, je ne suis pas natif d'Aix-en-Provence, je suis du nord.
Georges	De quelle région de la France?
M. Colliot	De Tourcoing, à douze kilomètres de Lille, et juste à la frontière belge, à quelques kilomètres de la Belgique, où j'ai d'ailleurs toujours passé mes vacances.
Georges	Vous êtes né à Tourcoing?
M. Colliot	Je suis né à Tourcoing, oui oui.
Georges	Vous avez habité Tourcoing jusqu' à quel âge, Monsieur Colliot?
M. Colliot	Jusqu' à dix-huit ans.
Georges	Et puis vous êtes venu à Aix?

M. Colliot	Non. A ce moment-là, je suis rentré dans l'armée, et j'ai commencé mes études à Paris.
Georges	Combien d'années avez-vous fait dans l'armée, Monsieur Colliot?
M. Colliot	Eh bien, j'ai fait trente ans.
Georges	Et puis, où êtes-vous allé?
M. Colliot	Dans l'armée j'ai beaucoup voyagé. J'ai fait l'Indochine, la Chine, les Indes, et puis, bien entendu, l'Afrique du nord.
Georges	Et maintenant vous êtes à Aix-en-Provence?
M. Colliot	Maintenant je suis à Aix-en-Provence, oui.
Georges	Depuis quelle date?
M. Colliot	Je suis venu à Aix en mille neuf cent soixante et un.
Georges	Monsieur Colliot, pourquoi avez-vous choisi Aix-en-Provence?
M. Colliot	J'ai choisi Aix-en-Provence pour plusieurs raisons. Tout d'abord, le climat; j'ai beaucoup voyagé, toujours dans les pays tropicaux, et j'aime la chaleur. Ensuite je me suis marié en mille neuf cent soixante et un et nous sommes venus habiter Aix, ma femme et moi.
Georges	Vous aimez Aix-en-Provence?
M. Colliot	Oui. Aix est une ville très agréable.
Georges	Quelles différences trouvez-vous entre Aix-en-Provence et le nord de la France?
M. Colliot	Oui. Alors, les différences sont énormes. Le climat est beaucoup plus agréable; ensuite, vous avez dans le nord peu de distractions, le nord est quand même loin de la montagne, ici la montagne est à deux pas, la mer égale-ment, et vous avez un centre culturel, intellectuel, qui est vraiment très important.
Georges	Les gens sont-ils différents?
M. Colliot	Oui, les gens sont différents. Ici, c'est le soleil, c'est la vie, c'est la gaieté, c'est . . . Dans le nord les gens sont beaucoup plus calmes, beaucoup plus sérieux, vous savez, les gens sont un peu plus tristes.
Georges	Monsieur Colliot, je vous remercie.
M. Colliot	Je vous en prie.

2

Then he spoke to Monsieur Renaudin, a businessman who comes originally from Paris, and who lives in a house overlooking Aix-en-Provence.

Georges	Monsieur Renaudin, vous n'êtes pas d'Aix-en-Provence?
M. Renaudin	Non, je suis parisien.
Georges	Vous êtes né à Paris?

M. Renaudin	Je suis né à Paris en mille neuf cent onze. Ma femme est également parisienne.
Georges	Combien de temps êtes-vous resté à Paris?
M. Renaudin	Jusqu'en mille neuf cent quarante-deux.
Georges	Et ensuite vous êtes venu à Aix-en-Provence?
M. Renaudin	Ensuite je suis venu directement à Aix-en-Provence pour mon travail. Je me suis marié en mille neuf cent trente-huit à Paris, et j'ai deux enfants nés à Paris, quatre autres nés à Aix-en-Provence.
Georges	Vous avez donc une famille nombreuse!
M. Renaudin	Oui.
Georges	Des garçons, des filles?
M. Renaudin	Quatre garçons et deux filles.
Georges	Monsieur Renaudin, pourquoi avez-vous choisi Aix-en-Provence?
M. Renaudin	J'ai choisi Aix-en-Provence parce que c'est une ville pleine de charme, que ses habitants sont agréables, et que la vie et la qualité de la vie y sont remarquables.
Georges	Est-ce que vous aimez la vie à Aix?
M. Renaudin	Oui, j'aime la vie à Aix, parce que c'est une ville ancienne avec de vieilles maisons, c'est une ville extrêmement agréable pour y marcher et y faire ses courses.
Georges	Il y a une grosse différence entre Paris et Aix-en-Provence?
M. Renaudin	Il y a une différence totale. La vie à Aix, comme je crois dans toutes les villes de province, est une vie beaucoup plus calme, les gens sont moins pressés, il y a une absence complète de pollution, la vie est plus agréable, et plus calme.
Georges	C'est une grande différence alors?
M. Renaudin	C'est une énorme différence. Complète.
Georges	Je vous remercie, Monsieur Renaudin.

Exercises

1

What questions would you ask to find out the information in parentheses? Form your question with **est-ce que** or **où est/où sont/combien coûte**.

Mes parents sont allés (en Italie). **Où est-ce que** vos parents sont allés?

1 Jeanne a acheté la robe (au marché)
2 La maison de Mme Latrombe est (à côté de la prison).
3 Pierre est allé à Londres (l'an dernier).
4 Le train part (à 17h45).
5 Michèle est allée au lit (parce qu'il fait froid).
6 Georges va téléphoner à la police. (*is he?*)

7 Les prix augmentent tous les mois. (*do they?*)

8 Les chèques sont (sur la petite table).

9 Il y a un téléphone au café. (*is there?*)

10 Les bananes coûtent (trois francs) aujourd'hui.

11 Pierre a téléphoné à Yvette (hier soir).

12 Le car arrive à Aix (à 11h08).

Les saltimbanques
(see p. 110)

2

Re-read the radio interviews and answer the following questions in full sentences.

D'où est monsieur Colliot? **Il est de Tourcoing**.

1 Où est-ce que monsieur Colliot est né?

2 Où habite-t-il maintenant?

3 Est-ce qu'il est célibataire?

4 Où est-ce qu'il a fait ses études?

5 Combien d'années est-ce qu'il a fait dans l'armée?

6 Depuis quand est-ce qu'il habite Aix-en-Provence?
Et monsieur Renaudin?

7 Monsieur Renaudin est marseillais, n'est-ce pas?

8 Et sa femme?

9 Quand est-ce qu'il est venu habiter Aix-en-Provence?

10 Combien d'enfants ont-ils?

11 Comment s'appellent-ils? *(you don't know.)*

3

Some people have no luck . . . put yourself in the place of the young man
Mademoiselle Langue has caught on the bus; he can't very well escape
before the next stop.

107

Mlle Langue	Dites, vous connaissez bien cette fille, Dominique Desnoyer, n'est-ce pas?
Vous	(yes, you've known her for ten years)
Mlle Langue	On m'a dit qu'elle est allée à Marseille.
Vous	(you know. She's been living in Marseille for a month.)
Mlle Langue	Ah? Qu'est-ce qu'elle va faire là-bas? Elle cherche du travail?
Vous	(no, she's a hostess)
Mlle Langue	Hôtesse! Où? Dans un bar, je suppose, ou dans un dancing!
Vous	(no, no, she's a hostess in a big bank)
Mlle Langue	Quoi! Une fille comme ça dans une banque?
Vous	(yes, it's very interesting—you have to be very intelligent and you have to speak English and Italian too)
Mlle Langue	Mais la petite Desnoyer ne parle pas de langues étrangères!
Vous	(oh yes! she studied languages at the university)
Mlle Langue	Bon, bon, si elle a du talent . . .
Vous	(in your opinion she's a very intelligent girl . . .)
Mlle Langue	Quelle surprise!
Vous	(. . . and she's very happy)
Mlle Langue	Ah? Comment le savez-vous?
Vous	(you went to Marseille last week and you went out together)
Mlle Langue	Ah? Vous avez dîné ensemble?
Vous	(yes, in a very good little restaurant which is near the old port)
Mlle Langue	Tiens! Vous sortez souvent ensemble?
Vous	(you've been going out together for about six months)
Mlle Langue	Ah?
Vous	(you must tell her that Dominique is your fiancée)
Mlle Langue	Oh! . . . Depuis longtemps?
Vous	(no, she's been your fiancée since last week)
Mlle Langue	Euh . . . toutes mes félicitations!

4

As you are now nearing the end of the course you may like to try a few exercises reviewing some of the language covered earlier on. In case you would like to refresh your memory first, we've given some page references.

Saying what you'd like to buy in shops, cafés, etc. (see book 1 chapter 4)
First, you want precise quantities of various goods.

Now just say you'd like "some . . ."

5

Asking the way and getting directions (see book 1 chapter 8)
Here's a list of the places you want to get to. Ask the way.
1 The station.
2 The theater.
3 The department stores.
4 The Syndicat d'Initiative.
5 The market.

6

Now make up a dialogue along the following lines. You want to find a
restaurant, so you decide to stop the man coming towards you.

Vous	(stop him politely and ask if there's a restaurant in the neighborhood)
L'homme	Oui. La brasserie Dupanloup.
Vous	(ask if it's far)

L'homme	Non. A cinq minutes à pied.
Vous	(where is the brasserie, please?)
L'homme	Place de la Cathédrale.
Vous	(and how do you get to la place de la Cathédrale?)
L'homme	Vous traversez le boulevard, vous prenez la deuxième à gauche, et aux feux rouges vous tournez à droite, et à cent mètres c'est la place de la Cathédrale.
Vous	(recap to make sure, using *je*)
L'homme	C'est ça.
Vous	(thank him very much)

A propos . . .

E.D.F.

These initials, which you will see in advertisements and shop windows, stand for *Electricité de France,* the state-owned electricity board. You will also see G.D.F., for *Gaz de France*—the production and distribution of gas are also in the hands of the State. Other important nationalized industries include coal (*Charbonnages de France*), the railways (*S.N.C.F.: Société Nationale des Chemins de Fer Français),* the international airline *Air France* and the main internal line *Air Inter.* The largest number of radio and television networks are controlled by the State, but there are a number of important commercial networks, dealing mainly in news and light entertainment: *RTL (Radio-Télévision Luxembourg), Europe Numéro Un* and *RMC (Radio Monte-Carlo).*

Une famille nombreuse

This is more than just a large family—it is also an administrative and financial reality. Once your third child is born you are considered to have *une famille nombreuse,* and the State offers additional benefits, including increased family allowances, grants to help move to a larger house or apartment and to equip it, concession fares on public transport, and tax concessions.

Les saltimbanques

Les saltimbanques, who are travelling street-entertainers, don't exist only in Picasso's paintings. They are still alive and well and perform in the street, at fairs and in circuses, conjuring, juggling, eating fire, doing acrobatics, escaping from chains and lifting weights . . .

23

Putting it all together

In this chapter, you will review the elements of polite conversational exchanges and will become familiar with a wider range of verb forms.

An office. Jeanine, a secretary, is chatting on the telephone.

Jeanine	Oui. Moi je mets des oignons dans la sauce . . . *Monsieur Bernard, the boss, comes up behind her in a hurry.*
M. Bernard	Encore en train de bavarder au téléphone? C'est une maladie! Appelez ma femme pour lui dire que je vais rentrer très tard à la maison.
Jeanine	Bien, Monsieur Bernard. (*He leaves.*) She *makes the connection.*
Jeanine	Allô, le 824?
Voix d'homme	Non, ici le 428. *She starts again.*
Jeanine	Allô, le 824?
Voix d'homme	Non, ici c'est encore le 428! *She starts again.*
Jeanine	Allô, le 824?
Une femme	Non, ici le 842! Je suis de très mauvaise humeur quand on se trompe de numéro!
Jeanine	Excusez-moi! (*She starts again*) Allô, le 824?
Voix de femme	Non, ici le 482!
Jeanine	Pourtant j'ai demandé le 824! C'est le téléphone. Je demande le 824.
Voix de femme	Moi je demande la paix! *Jeanine starts again.*
Jeanine	Allô, le 824?
Jeune homme	Bonjour! Ici le 248. Je suis ravi de faire votre connaissance au téléphone. Vous avez une voix charmante! Pouvons-nous nous rencontrer? Quel est votre numéro?
Jeanine	Mais je n'ai pas le temps. Je demande le 824!
Jeune homme	Dommage! Il paraît que je suis charmant avec les demoiselles.

	Jeanine starts again.
Jeanine	Allô, le 824?
Voix enregistrée	Il n'y a pas d'abonné au numéro que vous demandez. Veuillez consulter l'annuaire.
	Jeanine starts again.
Jeanine	Allô, le 824?
Voix enregistrée	Par suite d'encombrement du réseau, nous vous prions de refaire votre numéro.
Jeanine	(*slamming down the receiver*) Oh non, non, non! C'est absurde!
	The telephone rings. She lifts the receiver.
Jeanine	Allô, ici le 602!
M. Bernard	Allô Jeanine? Ici Monsieur Bernard! Je suis rentré à la maison, vous n'avez pas téléphoné à ma femme! (*Sarcastically*) Bravo! Et merci!
Jeanine	Mais je n'ai pas pu vous avoir au téléphone!
M. Bernard	Quel mensonge! Moi, je vous ai eue du premier coup!

Expressions

encore en train de bavarder!	*gossiping again!*
ici le 428	*this is 428*
quand on se trompe de numèro	*when people dial wrong numbers*
je demande le 824	*I'm trying to get 824*
je suis ravi de faire votre connaissance	*delighted to meet you*
pouvons-nous nous rencontrer?	*can we meet?*
il n'y a pas d'abonné au numéro que vous demandez	*there is no subscriber on this number* (see note p. 120)
veuillez consulter l'annuaire	*please check in the directory* (see note p. 120)
par suite d'encombrement du réseau, nous vous prions de refaire votre numéro	*lines from . . . are engaged; please try later* (see note p. 120)
je n'ai pas pu vous avoir au téléphone	*I couldn't get you on the phone*
je vous ai eue du premier coup	*I got you first try*

Explanations

1

Vive la politesse

When you meet people, say goodbye, thank them, are introduced to them, etc., a little politeness is important

First of all remember that *monsieur, madame, mademoiselle, messieurs—dames* are much more frequently used than their English equivalents.

Bonjour, Bonsoir, Au revoir, Merci,	monsieur/messieurs madame/mesdames mademoiselle/mesdemoiselles messieurs-dames

When you're offered something you want: **Oui, s'il vous plaît.**
When you're offered something you don't want: **Non, merci.**
Beware—**merci** on its own will be taken to mean *no thank you.*
Thank you itself can vary depending on just how thankful you want to appear:

Merci infiniment
Merci beaucoup
Merci bien
Merci
or, more formal: **Je vous remercie.**

If people have been helpful, you may want to tell them that they are kind:

Merci . . . vous êtes très aimable.

Remember what to say when *they* thank *you* :

Je vous en prie.
De rien.
Il n'y a pas de quoi.

When you're introduced to people you can say just **bonjour**. If it's a more formal occasion you can be *enchanted*:

Enchanté(e)
Or you can be *enchanted/very happy to meet them*:

Je suis enchanté(e)
Je suis très content(e)   ` de faire votre connaissance.

On a less personal level, for instance in official requests, you will come across other polite forms—e.g., you might be asked to go to the waiting room like this:

Nous vous prions
Vous êtes priés   de passer à la salle d'attente.
Messieurs les voyageurs sont priés

or, most formal of all:

Prière de passer à la salle d'attente.

2

Y a-t-il?

Il y a can be inverted to form a question, in which case **-t-** is added. So there are three ways of asking, for instance, if there's a café nearby:

Il y a
Y a-t-il   un café par ici?
Est-ce qu'il y a

Or of course, if you're fairly certain there *is* one:

Il y a un café par ici, n'est-ce pas?

1

We've heard so many French people speaking in these programs about their lives, families, work, homes, eating habits and tastes that we thought it would be a good idea to get some official statistics. So Annick Magnet went to l'INSEE — L'Institut National de Statistique et d'Etudes Economiques, in Dijon, to talk to Madame Roumier and Madame Ménétret. She asked first about population and life expectancy— espérance de vie.

Annick	Nous sommes à l'INSEE, c'est-à-dire l'Institut National de Statistique et d'Etudes Economiques, et nous allons parler avec deux jeunes femmes sur les Français et leur mode de vie. Madame Ménétret et Madame Roumier, combien de Français y a-t-il? Combien d'habitants y a-t-il en France?
Mme Roumier	Il y a presque cinquante-trois millions d'habitants en France.
Annick	Oui. Et combien habitent la ville?
Mme Roumier	Environ soixante-dix pour cent de la population vit à la ville, et trente pour cent à la campagne.
Annick	Mais qu'est-ce qu'on appelle une ville, alors?
Mme Roumier	En France on appelle 'ville' une commune qui a plus de deux mille habitants.
Annick	Quelle est l'espérance de vie pour les Français?
Mme Ménétret	Cela dépend. Un homme peut espérer vivre environ soixante-huit ans, tandis qu'une femme peut vivre beaucoup plus longtemps, jusqu' à soixante-quinze ans.
Annick	Ah oui! Il y a beaucoup de différence.
Mme Ménétret	Oui, en effet.

2*

Annick then asked about family matters—how many children to a family, at what age people marry, the commonest first names and surnames . . .

Annick	Et à quel âge se marie le Français moyen?
Mme Ménétret	Le Français moyen, homme, se marie environ vers vingt-trois ans, tandis que la femme se marie plus jeune, à vingt et un ans.
Annick	Et quel est l'âge de la mère quand elle a son premier enfant?
Mme Ménétret	Vingt-quatre ans.
Annick	Vingt-quatre ans. Combien y a-t-il d'enfants par famille en moyenne?
Mme Ménétret	Il y a deux virgule quatre (2,4) enfants par famille.
Annick	Il y a beaucoup de Jacques, de Phillipe, d'Alain, de Michèle, de Martine mais, en fait, quels sont les prénoms les plus courants?
Mme Ménétret	En prénoms simples c'est Pierre; ou Françoise pour une fille.
Annick	Oui. Et les noms de famille. Quels sont les plus courants?
Mme Ménétret	Le plus courant est Martin.
Annick	Martin! Et pas Dupont! Une autre question qui m'intéresse beaucoup. Est-ce qu'il y a beaucoup d'enfants conçus hors du mariage?
Mme Ménétret	Oui. En effet, un enfant sur quatre à peu près est conçu hors du mariage.
Annick	Est-ce que ce chiffre augmente?
Mme Ménétret	Oui, il a beaucoup augmenté, surtout ces deux dernières années. Il est passé de dix-huit pour cent à vingt-cinq pour cent.

3

How many hours does the average Frenchman work? And how many women go out to work?

Annick	Passons maintenant au travail, le travail des Français. Combien d'heures par semaine travaille-t-on en moyenne en France?
Mme Roumier	Le Français moyen travaille environ quarante-quatre virgule huit (44,8) heures par semaine.
Annick	Est-ce que les femmes travaillent également?
Mme Roumier	Plus de trente-six pour cent des femmes sont des femmes actives, c'est-à-dire des femmes qui travaillent. Elles travaillent moins longtemps que les hommes en général.

4*

Next Annick asked about housing and household possessions. How many French people are owner-occupiers—propriétaires—and how many are renting tenants—locataires?

Annick	Le logement maintenant. Combien de Français possèdent le logement qu'ils habitent?
Mme Ménétret	Bien, environ quarante-quatre pour cent des Français sont propriétaires de leur maisons. Quarante-quatre pour cent également sont locataires. Les autres sont logés par leurs employeurs.
Annick	Est-ce que les femmes ont beaucoup d'appareils ménagers?
Mme Roumier	Elles ont pour la plupart un réfrigérateur—quatre-vingt-dix pour cent, une machine à laver le linge—près de soixante-dix pour cent, et quelques-unes ont un lave-vaisselle—cinq pour cent seulement.
Annick	Oui. La télévision?
Mme Roumier	Les Français ont pour la plupart la télévision—soixante-dix virgule quatre pour cent.
Annick	Et le téléphone c'est plus rare?
Mme Ménétret	Le téléphone est beaucoup plus rare oui, puisque seulement quinze pour cent des ménages ont le téléphone.
Annick	La voiture?
Mme Ménétret	Soixante et un pour cent des Français ont une voiture, au moins une voiture.

5*

It's often thought that every adult Frenchman drinks a bottle of wine a day. Is it true?

Annick	Est-ce que les Français boivent beaucoup?
Mme Ménétret	Pour le vin, le Français moyen boit quatre-vingt-dix-sept litres par an. En apéritif cinq litres simplement.
Annick	Alors je suppose qu'il y a beaucoup de gens qui ne boivent pas du tout et puis d'autres qui boivent beaucoup plus que cette moyenne.
Mme Ménétret	Oui, en effet. Cela varie selon la catégorie professionnelle, selon les régions également.

6

Finally, the question of holidays and education. Annick asked how many French people manage to get away for an annual holiday . . . and where do they go?

Annick	Les vacances des Français maintenant. Je crois que beaucoup de Français ont quatre semaines de vacances. Mais ou vont-ils? A la mer, à la montagne, à la campagne?
Mme Roumier	Les Français partent à la mer et surtout au bord de la Méditerranée. C'est-à-dire quarante et un pour cent

	d'entre eux. Le reste va à la montagne et à la campagne. Mais il faut savoir que seulement un Français sur deux part en vacances.
Annick	Ils vont à l'étranger?
Mme Roumier	Très peu. Seize pour cent vont à l'étranger, mais seize pour cent de ces cinquante pour cent.
Annick	Et les vacances d'hiver?
Mme Roumier	Seulement seize pour cent des personnes partent en vacances pendant l'hiver. Beaucoup plus partent en vacances en été.
Annick	Oui. Passons maintenant à l'éducation nationale. Il est obligatoire d'aller en classe en France?
Mme Ménétret	En France il est obligatoire d'aller en classe de six ans à seize ans.
Annick	Il y a combien d'étudiants à l'université?
Mme Ménétret	Onze pour cent des jeunes sont à l'université.
Annick	Ils étudient quoi?
Mme Ménétret	Ils étudient surtout dans les lettres, ensuite le droit et les sciences économiques, puis vient la médecine.
Annick	Merci beaucoup.

Expressions

leur mode de vie	*their life-style*
un homme peut espérer vivre environ 68 ans	*a man can expect to live to about 68*
sept ans de plus que les Français	*seven years more than Frenchmen*
à quel âge se marie le Français moyen?	*at what age does the average Frenchman get married?*
deux virgule quatre	*two point four* (see note p. 119)
prénoms simples	*single first names* (see note p. 120)
conçus hors du mariage	*conceived outside marriage*
passons maintenant au travail	*let's move on to work now*
logés par leurs employeurs	*housed by their employers*
pour la plupart	*for the most part*
quinze pour cent des ménages	*15% of households*
beaucoup plus que cette moyenne	*far more than this average*
cela varie selon la catégorie professionnelle	*it varies according to the profession*
un Français sur deux	*one Frenchman in two*
il est obligatoire d'aller en classe	*it's compulsory to go to school*
ils étudient surtout dans les lettres	*most of them are studying liberal arts*

1

Review: *Asking if it's possible (see book 1 chapter 10)*

What do you ask if you want to know:
1 . . . if you can buy some stamps here.
2 . . . where you can buy some stamps.
3 . . . if you can smoke here.
4 . . . where you can make a telephone call nearby.
5 . . . when you can visit the museum.
6 . . . if you can park the car here.
7 . . . where you can park the car in the neighborhood.
8 . . . where you can see the Picasso exhibition.
9 . . . if you can take photos.

2

Review: *State your tastes (see book 1 chapter 9)*

Say first of all that you *love*:
1 French cooking.
2 Playing tennis.
3 France.
4 Skiing.

that you *very much like:*
5 Dancing.
6 Listening to music.
7 Going to the theater.
8 Travelling abroad.

and that you *don't like at all*:
9 Staying at home.
10 Being ill.
11 Visiting cathedrals.
12 Chicken.

3

Review: *Talking about yourself (see book 1 chapter 2 and book 2 chapters 14–19)*

Can you answer the questions in the dialogue below? We've given only the bare facts, but you answer *in complete sentences,* e.g.:

Un homme	Comment vous appelez-vous?
Vous	(Pierre Bertrand) **Je m'appelle Pierre Bertrand**.
Un homme	D'où êtes-vous?
Vous	(Auxerre.)
Un homme	Quelle est votre profession?
Vous	(architect.)
Un homme	Ah! Vous faites ça depuis longtemps?
Vous	(architect – for the last four years.)

Un homme	Est-ce que vous avez de la famille?
Vous	(3 children—2 girls, 1 boy.)
Un homme	Quel âge ont-ils?
Vous	(boy 8, girls 5 and 4.)
Un homme	Quelles sont vos heures de travail?
Vous	(start 8 a.m. Finish 5:30.)
Un homme	Et à midi?
Vous	(2 hrs. for eating.)
Un homme	Et où mangez-vous en général?
Vous	(eat at home with your children.)
Un homme	Combien de vacances avez-vous par an?
Vous	(three weeks.)
Un homme	Je vous remercie beaucoup.

4

You are half listening to the radio and day-dreaming. You hear words mentioned and they set your thoughts going along certain lines — along which line is shown in brackets.

> . . . Marseille . . .(*went there last year*)
> Marseille? **J'y suis allé l'année dernière**.

1 . . . Paris . . . (*believe it's very beautiful*).
2 . . . Marseille . . . (*would like to live there*).
3 . . . le pâté de foie gras . . . (*think it's very expensive*)
4 . . . grand-mère . . . (*must telephone her*)
5 . . . carte d'identité . . . (*must have one*)
6 . . . l'exposition de Picasso . . . (*must go and see it*)
7 . . . Brest . . . (*Pierre works there*)
8 . . . le prix du beurre . . . (**all** *prices are going up*)
9 . . . le prix de l'essence . . . (*must buy some this afternoon*)
10 . . . fait très beau aujourd'hui . . . (*good, you're going to the beach*)

A propos . . .

Numbers

The way in which large numbers and decimal fractions are expressed in France is in some respects the direct reverse of the American system. In France, there is no decimal point; instead, one uses a comma—*une virgule*. So 7.6 "seven point six" is written *7,6* and said *sept virgule six*. The full stop—and not the comma—is used to separate thousands, millions, etc. An alternative is to leave a space between each group of three figures. So the written forms of 1,500 and 2,000,000 will be, in France: *1.500* and *2.000.000* or *1 500* and *2 000 000.*

Percentages are written with the same symbol, %, which stands for *pour cent*: 70% is *soixante-dix pour cent.* To say "three out of five," "four out of ten," and so on, the word to use is *sur: trois Français sur cinq, quatre Français sur dix.*

Les statistiques

Not surprisingly perhaps, many of the figures quoted by l'INSEE for France are very similar to United States figures. Life expectancy, home ownership, the number of children per family and the number of hours worked per week are almost identical in both countries. There are some differences however: the French on the whole marry slightly younger. And while ownership of cars, refrigerators and washing machines is considerably higher in France, telephones and televisions are found in far more American homes.

Telephones

The relative scarcity of telephones in France (both private and public) is only one of the differences compared to American telephones. If you dial a number, you will hear a long, medium-pitched tone repeated regularly: this corresponds to long, single rings at the other end. The busy signal consists of beeps at shorter intervals. For inter-city or international calls dialed directly, there is a whole range of tones (*la tonalité*) and little tunes to watch out for; the Post Office code book will tell you the number to dial for a demonstration of continental tones with explanations in English. In addition there are a number of pre-recorded messages which crop up when you can't get through for one reason or another.

As everywhere else, telephoning in France can be expensive, so it may be useful to know how to reverse the charges: ask for your number *en p.c.v.* (pronounced *pécévé: je voudrais le vingt-cinq à Auzeilles en p.c.v. s'il vous plaît).* This stands for *paiement contre vérification*—i.e., the people at the other end will pay for the call once the exchange has checked that they will accept it.

Prénoms simples . . . et noms de famille

Double-barrelled first names are common in France, for men and women: Jean-Paul, Jean-Pierre, Pierre-Yves, Marie-Paule, Anne-Marie, etc. In these circumstances statistics on the commonest name become complicated—do you count Jean-Paul under both Jean and Paul or under neither? The people at l'INSEE simplified the matter by talking only of *prénoms simples*—single first names. On the subject of widespread surnames, it's often thought that the French equivalent of Mr. Smith is M. Dupont. Statistics prove otherwise, however—hence Annick's surprise at hearing that the commonest surname is in fact *Martin*.

This chapter gives you a final review of the course. If there is anything you do not understand, go back to that part of the book and review the concept.

A family which has just won a fortune is celebrating in a fancy restaurant.
They are not used to eating in this sort of establishment.

Le père	Poulardé à la française.
La mère	C'est cher?
Le père	Ça n'a pas d'importance! Nous sommes riches maintenant. Cuisses de grenouilles flambées à la fine champagne?
La mère	Combien ça coûte?
Le père	(*grandly*) Seulement cinquante francs.
	The daughter takes a little pot of mustard and opens it.
Le père	Je crois que c'est très cher. Il y en a très peu.
La fille	Hmm, j'ai l'impression que c'est bon!
La mère	Laisse ça! Papa va commander des cuisses de grenouilles et de la poularde pour tout le monde.
	The father looks fondly at his wife and daughter. He points to the mustard.
Le père	Tant pis. Faisons une folie.
La mère	Il faut être raisonnable.
Le père	Pourquoi? Nous avons gagné le tiercé du Prix de l'Arc de Triomphe. Nous pouvons satisfaire un caprice. Garçon!
	A very high class maître d'hôtel, Charles, bows to the family.
Charles	(*furious*) Maître d'hôtel!
Le père	Oh! C'est pareil! (*He points to the mustard*) Qu'est-ce que c'est?
Charles	C'est de la moutarde forte de Dijon aux fines herbes.
	The father looks impressed. Then he makes a decision.
Le père	Nous allons tous goûter ça, les enfants. Maître d'hôtel, apportez un saladier de moutarde.
Charles	Monsieur ne connaît pas la moutarde?

Le père	Euh, moi? Si! Bien sûr! J'adore la moutarde.
Charles	Ah bon!
	The maître d'hôtel comes back with a cart, a tureen and plates. He serves two ladlefuls of mustard to everybody. The father is delighted. Everybody swallows a big spoonful of mustard. Tears start falling from their eyes. The father sees this and explains:
Le père	Ce n'est rien. C'est le bonheur!

Expressions

faisons une folie	*let's go mad*
c'est pareil!	*same thing!*
nous allons tous goûter ça, les enfants	*we'll all have a taste of that, kids*

Grammar Summary Programs 19–24

1

Asking questions

A   There are various ways of asking questions depending on what kind of information you want in the answer. If you want to be told "yes" or "no" (e.g., *is that the bus stop? Are you going to France?)* questions can be made as follows:

a) by using rising intonation (or, in writing, simply with the question mark):

Vous allez en France?

b) by adding **est-ce que** at the beginning:

Est-ce que vous allez en France?

c) by putting the subject after the verb (inversion) if the subject is a pronoun (*je, tu, il, elle, nous, vous, ils, elles, ce, on*):

Allez-vous en France?

When two vowels come together as a result of inversion, you must insert a -**t**- to make the liaison:

On va en France. Va-**t**-on en France?
Il a fini le travail. A-**t**-il fini le travail?

B   You can ask more specific questions in the following ways:

a) Who?	Qui est-ce?
	Qui a fait ce bruit?
	Qui avez-vous vu?
b) Who(m)?	Qui est-ce que vous avez vu?
	Qui est-ce que Pierre a vu?

c) What?
Qu'est-ce que c'est?
Qu'est-ce que vous faites?
Qu'est-ce que vous avez vu?
Qu'est-ce que Pierre a vu?
Que faites-vous?

d) Where?
Où allez-vous?
Où est-ce que vous êtes allé?
Où va Pierre?
Où est-ce que Pierre est allé?

e) When?
Quand êtes-vous parti?
Quand est-ce que vous êtes parti?
Quand est-ce que Pierre est parti?

f) Why?
Pourquoi êtes-vous parti?
Pourquoi est-ce que vous êtes parti?
Pourquoi est-ce que Pierre est parti?

2

Fitting sentences together

A To give additional information about people or things, use **qui** or **que**:

Je connais le monsieur. Le monsieur travaille à la banque.

Je connais le monsieur **qui** travaille à la banque.

Je connais le monsieur. Vous avez vu le monsieur hier.

Je connais le monsieur **que** vous avez vu hier.

Voilà la voiture. La voiture coûte 30 000 francs.

Voilà la voiture **qui** coûte 30 000 francs.

Voilà la voiture. Paul veut acheter la voiture.

Voilà la voiture **que** Paul veut acheter.

To describe a place *where* something happened, use **où**:

Voilà la maison. Je suis né dans cette maison.

Voilà la maison **où** je suis né.

Note: When you use **que** with a past tense, the participle will agree with whatever **que** refers to:

Où est **la veste que** j'ai achetée?

Où sont **les cigarettes que** j'ai achetées?

B

a) to say *when* something happened, use **quand**:

Quand il fait beau, je suis heureux.

Quand j'ai vu l'heure, je suis parti.

b) For *if* use **si**:

S'il fait beau, nous allons à la plage cet après-midi.

c) To give your reasons use **parce que**:

Nous allons à la plage **parce qu'**il fait beau.

for *since* or *as* use **comme**:

Comme mon père est âgé, il ne travaille plus.

C To say that *you know, are sure, think,* etc., that something is the case, use the following verbs or expressions (and, of course, you can use them for other people's opinions too if you make the appropriate changes):

je sais je crois je pense je trouve je suis certain/sûr je suis persuadé/convaincu j'ai l'impression il paraît (*invariable*)	que	la vie est plus chère à Paris
selon moi selon Jean à mon avis à son avis		

D To express periods of time

a) including the present moment:

Je travaille à Paris **depuis** trois ans (*and you still are*)

b) entirely in the past:

J'ai ʼ (e.g., 1957-1960) **travaillé** à Paris **pendant** trois ans

E To compare people or things:

Georges est	**plus** **aussi** **moins**	**intelligent que Paul.**		
Georges is	more as less	intelligent	than as than	Paul.
La vie est	**plus** **aussi** **moins**	**calme à Grenoble qu'à Paris.**		
Life is	quieter as quiet less quiet	in Grenoble	than as than	in Paris.

If the comparison involves a quantity use **plus de** or **moins de**:

A Paris il y a **plus de possibilités** pour dépenser son argent.

Il y a **moins de circulation** à Dijon qu'à Paris.

3

Word order—negatives

A With simple present verbs, **ne** precedes the verb and **pas, plus, personne, jamais,** etc., follows:

Il **ne** pleut **pas.**
Elle **ne** veut **rien.**
On **ne** sort **jamais.**
Vous ne fumez **pas.**
Ils **ne** connaissent **personne.**

B With past verbs the order is very similar—except for **personne.**

Il n'a **pas** mangé la tarte.
Elle n'est **plus** allée au cinéma.
Vous n'êtes **jamais** descendus au vieux port?
Nous n'avons **rien** dit.

But . . . Ils n'ont vu **personne.**

C With verbs that include the infinitive, **ne** comes before the first verb and **pas,** etc., before the infinitive, . . . except for **personne.**

Je **ne** vais **pas** partir.
Il **ne** veut **plus** rester à la maison.
Il **ne** faut **jamais** marcher sur l'herbe.
Vous **ne** devez **rien** acheter.

But . . . Elle **ne** veut voir **personne.**

D When negatives apply *only* to the infinitive (e.g., *he prefers not to go*), **ne** and **pas,** etc. both come together before the infinitive, again except for **personne:**

Je préfère **ne pas** sortir ce soir.
Je préfère **ne rien** manger ce soir.

But . . . Je préfère **ne** voir **personne** ce soir.

4

Pronouns—i.e., replacing the words for people or things:

a) The words for *me, us* and *you* are **me, nous, vous** (or **te**).

b) For other people or things the pronouns are: **le, la, les.**
J'ai rencontré Louise. Je l'ai rencontrée.
(Past participle agrees with Louise)

c) For other people introduced by à, use **lui, leur:**
Etienne parle à Liliane. Etienne **lui** parle.

d) For places introduced by prepositions other than **de** use **y:**
Odette va à Londres. Odette **y** va.
and also:
J'habite Aix. J'**y** habite.

e) For things or places introduced by **de** use **en**:

Elle revient *de Paris.* Elle **en** revient.

Je voudrais une bouteille *de lait.* J'**en** voudrais une bouteille.

Use **en** also when you use a number without the noun it refers to:

J'ai trois enfants. J'**en** ai trois.

Je voudrais quatre bananes. J'**en** voudrais quatre.

f) These pronouns come *before* the simple past or present, or before the infinitive:

Voilà les bananes. **Les** voilà.

J'aime les bananes. Je **les** aime.

J'ai acheté les bananes. Je **les** ai achetées.

Voulez-vous acheter des bananes? Voulez-vous **en** acheter?

Note: You may want to use two pronouns in a sentence. When this happens, they occur in fixed order:

1		2		3		4		5
me	*before*	le	*before*	lui	*before*	y	*before*	en
te		la		leur				
nous		les						
vous								

1 + 2 Henri *me* donne *les tickets.* Henri **me les** donne.

2 + 4 Valérie laisse *les enfants à la gare.* Valérie **les y** laisse.

3 + 5 Julien parle *à Marie de ses voyages.* Julien **lui en** parle.

1

Perhaps you're lucky enough to be going to France to practice the French you've learned. The following dialogues will help you review some of the language you'll need. First things first — so Jean Maisonnave is at the bank changing some money.

Jean	Bonjour monsieur.
Le caissier	Bonjour monsieur.
Jean	Je voudrais changer de l'argent, s'il vous plaît.
Le caissier	Oui, bien sûr, quelle est la monnaie, monsieur?
Jean	Des livres sterling, vingt, en travellers.
Le caissier	Vous avez votre passeport, s'il vous plaît?
Jean	Oui oui.
Le caissier	Merci. Vous pouvez signer le chèque là, (*pointing to the check*) monsieur, s'il vous plaît? Merci. Deux cent quinze francs et vingt centimes, monsieur. (*Counting out the money.*) Alors, cent francs, deux cents, deux cent dix, deux cent quinze . . . et vingt centimes, voilà monsieur.
Jean	Merci bien, au revoir monsieur.
Le caissier	Au revoir monsieur. Merci.

2*

Annick is at a hotel booking a room for a couple of nights.

Annick	Bonsoir madame.
La réceptionniste	Bonsoir madame.
Annick	Vous avez une chambre pour une personne s'il vous plaît?
La réceptionniste	Bien sûr, madame. C'est pour ce soir, madame?
Annick	Oui, c'est pour ce soir et pour demain.
La réceptionniste	Donc, deux nuits, oui. Nous avons des chambres avec douche à quarante-sept francs et nous avons aussi des chambres avec bain et WC particulier à quatre-vingt-cinq francs.
Annick	Eh bien, une chambre avec bain, s'il vous plaît. Le petit déjeuner est compris, s'il vous plaît?
La réceptionniste	Non madame, c'est en supplément. Six francs cinquante par personne.
Annick	Oui, et c'est à quel étage, s'il vous plaît?
La réceptionniste	La chambre quarante-cinq . . . au quatrième étage. Vous avez un ascenseur sur votre droite.
Annick	Bon, merci. Il y a un garage, s'il vous plaît?
La réceptionniste	Oui, madame, où est votre voiture?
Annick	Elle est juste là devant la porte.
La réceptionniste	Oui, alors vous allez descendre la rue, prendre la première rue à droite et c'est le garage juste en face du magasin de laine.
Annick	Bon, merci. Vous faites aussi restaurant?
La réceptionniste	Bien sûr, madame. Nous avons deux menus—un menu à vingt-cinq francs, et un autre menu touristique à quarante-cinq francs avec les spécialités de la région.
Annick	Oui, à quelle heure peut-on déjeuner?
La réceptionniste	A partir de douze heures jusqu' à quatorze heures.
Annick	Bon. Eh bien, merci beaucoup.
La réceptionniste	Je vous en prie madame. Voilà votre clé.

3

If you're driving you'll need gasoline. Annick is at the service station.

Le garagiste	Bonjour madame.
Annick	Bonjour monsieur.
Le garagiste	Le plein?
Annick	Non, pas le plein, quarante francs aujourd'hui.
Le garagiste	Quarante francs, bon! (*He serves her and she pays*) C'est tout? L'eau, l'huile, ça va?
Annick	Oui oui, ça va, merci. Merci beaucoup, monsieur. Au revoir.
Le garagiste	Au revoir, madame.

4*

What if you want to go out for the evening and need to book a seat? Jean has gone to the booking office to see about two tickets for a performance that evening.

Jean	Bonjour madame.
Une jeune femme	Bonjour monsieur.
Jean	Est-ce que vous avez encore des places pour le spectacle de ce soir, s'il vous plaît?
Une jeune femme	Oui monsieur. Vous avez des places en orchestre, aux premières galeries ou aux deuxièmes galeries.
Jean	Oui. Et à quel prix?
Une jeune femme	En orchestre à vingt-huit francs, aux premières galeries à vingt-deux francs et aux deuxièmes galeries à dix-huit francs.
Jean	Bon. Est-ce que vous avez des balcons au milieu?
Une jeune femme	Oui. Nous avons au premier rang deux places, au centre.
Jean	Bien. Où c'est?
Une jeune femme	Juste là au centre. Le quatre cent quarante-six et le quatre cent quarante-huit.
Jean	Bien, parfait! Donnez-moi les deux.
Une jeune femme	Oui monsieur.
Jean	C'est à quelle heure le spectacle, s'il vous plaît?
Une jeune femme	Le spectacle commence à vingt heures quarante-cinq au théâtre.
Jean	Très bien. Au revoir madame.
Une jeune femme	Au revoir monsieur.

5

And finally ordering a meal. You don't really need to use much language to order a meal—so long as you know what the names on the menu mean. Jean has gone with a friend to a restaurant which was very highly recommended.

Le garçon	Messieurs, bonsoir.
Jean	Bonsoir, monsieur.
Le garçon	Voici la carte.
Jean	Merci. Comme entrée une terrine de grive, s'il vous plaît.
Le garçon	Très bien monsieur. Et vous monsieur?
L'ami	Une terrine aussi, s'il vous plaît.
Le garçon	Une terrine également. Très bien monsieur. Merci. Ensuite?
Jean	Un filet de boeuf au poivre vert.
Le garçon	Un filet de boeuf pour monsieur. Bien. Et monsieur?
L'ami	Un tournedos.

Le garçon	Un tournedos pour monsieur. Bien. Saignant, à point, bien cuit?
Jean	Saignant pour moi.
Le garçon	Saignant pour monsieur. Et vous monsieur?
L'ami	A point, s'il vous plaît.
Le garçon	A point. Bien. Comme légumes?
Jean	Vous avez des pommes frites?
Le garçon	Non, pas de pommes frites monsieur. Nous avons des pommes sous la cendre ou alors des pommes sautées.
Jean	Eh bien, pour moi pommes sous la cendre.
Le garçon	Une pommes sous la cendre pour monsieur. Et vous monsieur?
L'ami	Pommes sautées, s'il vous plaît.
Le garçon	Pommes sautées. Très bien messieurs. Et comme boisson?
Jean	Eh bien, un beaujolais Villages.
Le garçon	Un beaujolais Villages en pichet, bien.
Jean	Oui. Un pichet, un pichet.
Le garçon	Voulez-vous un peu d'eau minérale?
Jean	Oui.
Le garçon	Gazeuse ou non-gazeuse?
Jean	Non-gazeuse.
Le garçon	Non-gazeuse, bien. Merci messieurs. Bon appétit!
Jean	Merci.
	Later . . .
Le garçon	Un fromage?
Jean	Oui. Pour moi un fromage blanc à la crème.
Le garçon	Très bien, monsieur. Et vous monsieur?
L'ami	Le plateau de fromages.
Le garçon	Bien, monsieur.
Jean	Et comme dessert, qu'est-ce que c'est, le vacherin?
Le garçon	Le vacherin c'est un sorbet cassis avec de la meringue et de la crème chantilly.
Jean	Parfait. Alors, un vacherin.
Le garçon	Bien monsieur. Et vous monsieur?
L'ami	Vous avez de la tarte aux pommes?
Le garçon	Oui. Nous avons de la tarte aux pommes, monsieur.
L'ami	Alors une tarte aux pommes.
Le garçon	D'accord monsieur. Merci beaucoup.
Jean	Et ensuite deux cafés, s'il vous plaît.
Le garçon	Deux cafés. Très bien messieurs. Merci.

Expressions

quelle est la monnaie?	*which currency is it?*
avec bain et WC particulier	*with private bath and toilet*
vous faites aussi restaurant?	*do you also have a restaurant?*
le plein?	*full up?*

donnez-moi les deux	*give me both of them*
comme entrée	*for the first course*
la terrine de grive	*thrush pâté*
filet de boeuf au poivre vert	*fillet of beef with green peppercorns*
saignant—à point—bien cuit	*rare—medium—well done*
les pommes sous la cendre	*charcoal-roasted potatoes*
gazeuse ou non-gazeuse?	*sparkling or still?*
le plateau de fromages	*the cheese board*

Try your skill

1

Choose the appropriate alternatives to complete these sentences.

1 Je vous | merci / remercie / de rien | beaucoup, madame. Je vous | aime. / aimez. / en prie.

2 Vous partez | à / en / sur | vacances? Oui, mais je ne | sais / connais / pense | pas | qui. / que. / où.

3 Quelles / Quel / Que | qualités | doit / faut / fait | -il pour être une bonne secrétaire?

4 C'est la fille | qui / que / quelle | nous avons | rencontré / perdu / rencontrée | à Aix.

5 Marcelle | travaillons / a travaillé / travaille | à la banque depuis | demain. / la place Darcy. / six mois.

6 "Julie, je t'adore | l'an dernier," / depuis longtemps," / pendant une semaine," | parle / aime / dit | Oscar.

7 Renée | ne va pas / n'est pas / va ne pas | venir. Nous l'attendons | après / pour / depuis | une heure.

8 Nous avons | téléphonée / téléphoné / téléphonées | à Monique et à Henriette; elles | ont revenu / sont revenu / sont revenues | de Paris.

9 Que / Qu'est-ce qui / Qu'est-ce que | c'est? Un kilo | de / des / d' | abricots.

10	Vous	êtes voulez avez	allé en France? Oui,	à au à le	Havre.

11	Il faut	faire avoir être	dix-huit ans pour voter	dans à en	France.

12	J'y ai habité	depuis voilà pendant	quatre ans, de 1968	au en à	1972.

13	Vous avez fumé	tout toutes	vous votre vos	cigarettes?

14	Pourquoi? vous	la les en	voulez une?

15	Qu'est-ce que vous	allez voir avez vu voulez voir	hier soir?	Le dentiste. Mme Latrombe. Un film anglais.

16	Je suis très	content faim beau	de faire votre	connaissance. moutarde. omelettes.

17	Je sais Je connais Je voudrais	que Paris est la capitale de la France.

18	Où Quand Qui	êtes-vous allés? Nous sommes allés	en aux au	musée.

19	Pourquoi aimez-vous	cette ça cela	fille? Parce qu'elle est	beau. bon. belle.

20	Vous voyez Georges	jamais? souvent? mal?	Oui, je le	aime sais connais	bien.

21	Pourquoi	avez-vous allez-vous êtes-vous	partie?	Quand Si Parce que	je suis fatiguée.

22	Où sont	vos leur votre	enfants?	Derrière la cathédrale à minuit. Parce qu'ils ont soif. Dans le jardin.

23	Je voudrais	aller manger quitter	dans les Alpes—j'adore	faire tomber glisser	du ski!

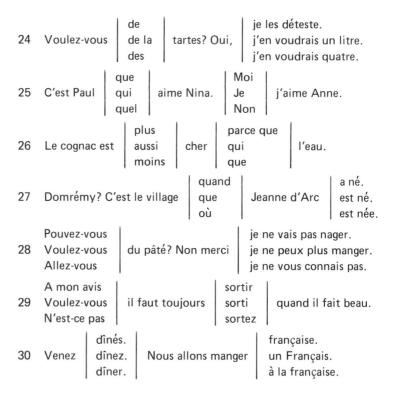

24 Voulez-vous | de / de la / des | tartes? Oui, | je les déteste. / j'en voudrais un litre. / j'en voudrais quatre.

25 C'est Paul | que / qui / quel | aime Nina. | Moi / Je / Non | j'aime Anne.

26 Le cognac est | plus / aussi / moins | cher | parce que / qui / que | l'eau.

27 Domrémy? C'est le village | quand / que / où | Jeanne d'Arc | a né. / est né. / est née.

28 Pouvez-vous / Voulez-vous / Allez-vous | du pâté? Non merci | je ne vais pas nager. / je ne peux plus manger. / je ne vous connais pas.

29 A mon avis / Voulez-vous / N'est-ce pas | il faut toujours | sortir / sorti / sortez | quand il fait beau.

30 Venez | dînés. / dînez. / dîner. | Nous allons manger | française. / un Français. / à la française.

2

Arrange these sentences into a plausible dialogue between *la patronne* in a small restaurant, and *le client/la cliente,* who's ordering for two. *La patronne* speaks first.

1 Mais bien sûr. Voici la carte.
2 Oui. Et ensuite?
3 Je préfère les pommes sautées — vous en avez?
4 Du vin rouge ordinaire, s'il vous plaît.
5 Merci. (*studies the menu*) Nous prenons le menu à 20 francs.
6 Bonjour messieurs-dames.
7 Un pichet de beaujolais, ça va?
8 Vous désirez?
9 Merci bien, madame.
10 Bonjour madame.
11 Un pâté et un hors d'oeuvre varié.
12 Oui, nous avons des pommes sautées. Et comme dessert?
13 Je vous sers tout de suite. Merci.
14 Très bien. Qu'est-ce que vous voulez boire?
15 Voulez-vous des pommes frites?
16 Est-ce qu'on peut manger, s'il vous plaît?
17 Oui. Alors, pour commencer il y a du pâté de campagne ou des hors d'oeuvres variés.

18 Ensuite . . . deux omelettes aux champignons, s'il vous plaît.

19 Oui. Très bien. Et de l'eau minérale aussi, s'il vous plaît.

20 Une crème caramel et une banane, s'il vous plaît.

3

Somebody's ideal Sunday: retell it as if it were last *Sunday. Remember to make the participles agree with* you *where necessary. For purposes of agreement assume that you are a woman. Past participles not formed like* manger—mangé *are all in the verb list.*

Dimanche matin je reste au lit et je dors jusqu' à neuf heures et demie. Puis je prends une douche, je fais ma toilette, je bois une grande tasse de café et je mange des croissants au beurre. Je dois descendre les chercher, mais tant pis, ils sont excellents. Ensuite j'écoute un peu la radio, je fais un peu de ménage, puis vers midi je sors: je vais au garage prendre la voiture, parce que ma cousine Thérèse m'invite à déjeuner chez elle à la campagne. J'arrive chez Thérèse vers une heure et j'ai beaucoup de plaisir à retrouver toute sa famille. Comme il fait très beau, nous mangeons dans le jardin. Après le dessert les enfants nous quittent: ils vont à la piscine. Nous passons l'après-midi très agréablement; nous prenons le soleil, puis nous rentrons dans la maison et nous jouons au bridge pendant quatre heures! Après cela, je dis au revoir à tout le monde, je rentre en ville, et je descends au café pour acheter des allumettes; Paul et Virginie passent par hasard, et nous terminons la soirée ensemble parce que nous avons envie de voir le nouveau film au Ciné-Palace.

A propos . . .

Le tiercé

After *la Loterie Nationale* (see p. 40) the main hope of getting rich quickly and easily is by betting on horses, through *le tiercé.* To win the main prize you have to predict, in the correct order, the first three horses in a given race. Obviously, the more important the race, the higher the prize. You don't have to go to the racetrack to place your bets, and as betting shops don't exist you look for a café with the sign *P.M.U.* (for *Pari Mutuel Urbain*); on big race days an employee of the *P.M.U.* organization sets up shop in the café to receive bets and give out cards to be punched with the choice of horses. Here again, the State takes its share of profits.

Le prix de l'Arc de Triomphe is the most important single race in the French calendar. It is run at Longchamp, just outside Paris. Longchamp and Chantilly are the two main racetracks in France.

Le maître d'hôtel is the man who supervises table arrangements, but without actually serving, except in special circumstances. In a private house his position would correspond to that of a butler; in a restaurant he is the head waiter.

At the theater

Theater performances often start later than in America—hardly ever before 8 p.m. and most often between 8:30 p.m. and 9:00 p.m., so it's best to check starting times—*C'est à quelle heure le spectacle, s'il vous plaît?*

If you want the cheaper seats ask for *l'amphithéâtre,* which is the top tier— "the gods" (also called *le paradis* or *le poulailler*). Otherwise you'll want orchestra seats—*l'orchestre* or *le parterre,* depending on the layout of the theater—or seats in the circle—*le balcon* or *la galerie.* If there's more than one circle, they'll be numbered: *premier balcon, deuxième galerie,* and so on. While American theaters number rows with letters and seats with numbers (F 16 and so on), most French theater seats are just numbered, even numbers to one side, odd ones to the other. As a result you'll need an usherette (*une ouvreuse*) to help you find your seat, and in most theaters she'll accept a tip: count a minimum of one franc per ticket, or more if you're in really expensive seats or in a box—*une loge.*

Verb list

The most frequently used verbs are also those with the largest number of different forms. (You will find *aller, avoir, être, faire, vouloir* and *pouvoir* on p. 53.) The main group of regular verbs has *-er* as the ending of the infinitive; apart from the *nous* and *vous* forms, the only differences are minor ones of spelling. For example, *abandonner*:

Abandonner:

j'abandonne	nous abandonnons
tu abandonnes	vous abandonnez
il abandonne	ils abandonnent

j'ai abandonné, etc.

Here is a list of the verbs of this type you find in this book. (E) after the verb shows that the past is made with *être*; otherwise use *avoir*.

abandonner	consommer	entrer (E)	se marier (E)
accepter	consulter	envoyer	mélanger
accompagner	continuer	éplucher	monter (E)
accrocher	coûter	épouser	noter
accuser	crier	étudier	organiser
adorer	cuisiner	exister	oublier
aider	cultiver	féliciter	parler
ajouter	danser	fermer	participer
apporter	déchirer	fêter	passer (être or avoir)
approcher	déguster	frapper	patienter
arrêter	déjeuner	fumer	payer
arriver (E)	demander	gagner	penser
augmenter	dépenser	garder	pique-niquer
brûler	déranger	garer	pleurer
cacher	désirer	glisser	préparer
changer	détacher	goûter	présenter
chanter	détester	habiter	prêter
chauffer	dîner	indiquer	prier
chercher	discuter	installer	profiter
circuler	donner	intéresser	quitter
commander	durer	jouer	se raser (E)
commencer	écouter	juger	reconstituer
compter	énerver	laisser	regarder
condamner	enfermer	louer	regretter
conserver	enquêter	manger	remercier

rencontrer	stationner	tourner	varier
rentrer (E)	supporter	travailler	verser
renvoyer	téléphoner	traverser	visiter
rester (E)	terminer	se tromper (E)	voler
saluer	tomber (E)	trouver	voter
signer	toucher	utiliser	voyager
souhaiter			

Some *-er* verbs largely follow the above pattern, but they have minor differences in spelling in the *je, tu, il/elle* and *ils/elles* forms.

Acheter: j'achète, tu achète, nous achetons, vous achetez, ils achètent.

Appeler: j'appelle, tu appelles, il appelle, nous appelons, vous appelez, ils appellent.

Espérer: j'espère, tu espère, nous espérons, vous espérez, ils espèrent.

Posséder: je possède, tu possèdes, il possède, nous possédons, vous possédez, ils possèdent.

Préférer: je préfère, tu préfères, il préfère, nous préférons, vous préférez, ils préfèrent.

Some other verbs used which do not follow the above patterns are:

Apprendre: like *Prendre*

Attendre: j'attends, tu attends, il attend, nous attendons, vous attendez, ils attendent (j'ai attendu)

Battre: like *Mettre* (except j'ai battu)

Boire: je bois, tu bois, il boit, nous buvons, vous buvez, ils boivent (j'ai bu)

Choisir: je choisis, tu choisis, il choisit, nous choisissons, vous choisissez, ils choisissent (j'ai choisi)

Comprendre: like *Prendre*

Connaître: je connais, tu connais, il connaît, nous connaissons, vous connaissez, ils connaissent (j'ai connu)

Construire: like *Cuire*

Courir: je cours, tu cours, il court, nous courons, vous courez, ils courent (j'ai couru)

Couvrir: je couvre, tu couvres, il couvre, nous couvrons, vous couvrez, ils couvrent (j'ai couvert)

Croire: je crois, tu crois, il croit, nous croyons, vous croyez, ils croient (j'ai cru)

Cuire: je cuis, tu cuis, il cuit, nous cuisons, vous cuisez, ils cuisent (j'ai cuit)

Découvrir: like *Couvrir*

Décrire: like *Écrire*

Descendre: (E) like *Attendre*

Se Détendre: (E) like *Attendre*

Devenir: (E) like *Venir*

Devoir: je dois, tu dois, il doit, nous devons, vous devez, ils doivent (j'ai dû)

Dire: je dis, tu dis, il dit, nous disons, vous dites, ils disent (j'ai dit)

Dormir: je dors, tu dors, il dort, nous dormons, vous dormez, ils dorment (j'ai dormi)

Ecrire:	j'écris, tu écris, il écrit, nous écrivons, vous écrivez, ils écrivent (j'ai écrit)	**Recevoir:**	je reçois, tu reçois, il reçoit, nous recevons, vous recevez, ils reçoivent (j'ai reçu)
Entendre:	like *Attendre*	**Reconnaître:**	like *Connaître*
Finir:	like *Choisir*	**Refaire:**	like *Faire*
Lire:	je lis, tu lis, il lit, nous lisons, vous lisez, ils lisent (j'ai lu)	**Rendre:**	like *Attendre*
		Repartir:	(E) like *Partir*
		Répondre:	like *Attendre*
Mentir:	like *Partir*	**Reprendre:**	like *Prendre*
Mettre:	je mets, tu mets, il met, nous mettons, vous mettez, ils mettent (j'ai mis)	**Revenir:**	(E) like *Venir*
		Revoir:	like *Croire*
		Rire:	je ris, tu ris, il rit, nous rions, vous riez, ils rient (j'ai ri)
Nourrir:	like *Choisir*		
Ouvrir:	like *Couvrir*	**Rôtir:**	like *Choisir*
Partir:	(E) je pars, tu pars, il part, nous partons, vous partez, ils partent (je suis parti)	**Satisfaire:**	like *Faire*
		Savoir:	je sais, tu sais, il sait, nous savons, vous savez, ils savent (j'ai su)
Peindre:	je peins, tu peins, il peint, nous peignons, vous peignez, ils peignent (j'ai peint)	**Servir:**	like *Partir*. Je sers . . .
		Sortir:	(E) like *Partir*. Je sors . . .
		Suivre:	je suis, tu suis, il suit, nous suivons, vous suivez, ils suivent (j'ai suivi)
Perdre:	like *Attendre*. Je perds . . .		
		Vendre:	like *Attendre*
Prendre:	je prends, tu prends, il prend, nous prenons, vous prenez, ils prennent (j'ai pris)	**Venir:**	(E) je viens, tu viens, il vient, nous venons, vous venez, ils viennent (je suis venu)
Prévenir:	like *Venir*	**Vivre:**	je vis, tu vis, il vit, nous vivons, vous vivez, ils vivent (j'ai vécu)
Produire:	like *Cuire*		
		Voir:	like *Croire*

Answers to exercises

Chapter 13

1

1 Il faut de l'argent.
2 Il faut un instrument.
3 Il faut un billet.
4 Il faut un permis de conduire.
5 Il faut un jeton.
6 Il faut des oeufs.
7 Il faut ce livre.

2

1 Pour voir un film il faut aller au cinéma.
2 Pour faire une omelette il faut prendre des oeufs.
3 Pour avoir la liste des hôtels il faut aller à l'Office du Tourisme.
4 Pour danser il faut aller au bal.
5 Pour bien manger il faut trouver un bon restaurant.
6 Pour cuire des pommes de terre il faut mettre de l'eau dans la casserole.

3

1 Vous devez aller à la poste (*or* au bureau de poste *or* au bureau de tabac).
2 Vous devez aller à l'Office du Tourisme (*or* au Syndicat d'Initiative).
3 Vous devez aller à Paris.
4 Vous devez aller à la boulangerie.
5 Vous devez aller au cinéma.
6 Vous devez aller à la gare.
7 Vous devez aller à la pharmacie.
8 Vous devez aller au lit.

4

1 Oui, je dois travailler.
2 Oui, je dois chercher un appartement.
3 Oui, je dois téléphoner à New York.
4 Oui, je dois chanter à la cathédrale.
5 Oui, je dois manger à onze heures.
6 Oui, je dois parler en public.

5

Note: In these answers we have given *vous devez.* You can also use *il faut.*

(Est-ce que) vous allez (*or* partez) en vacances?

Alors, vous devez aller dans le Midi! Pourquoi pas?

Vous devez aller à Marseille.

C'est une ville très intéressante. Vous devez voir le Vieux Port.

(Est-ce que) vous avez (*or* avez-vous) une voiture?

Vous devez louer une voiture.

Oh, c'est une belle région—qu'est-ce que vous aimez voir?

Alors vous devez aller à Aigues-Mortes et à Nîmes, et vous devez absolument visiter Arles. Vous devez aller à Aix aussi, c'est très beau. Vous avez tout en Provence—la mer, le soleil, la campagne, les bons vins—

6

Désolé, non, je dois travailler. Peut-être ce soir?

Non, je dois aller dîner chez Tante Maud.

Je pense rester à la maison. Il y a un bon film à la télévision.

'Meudon et Gomorrhe' avec Colette Chanvre. Vous devez le voir.

Je sais . . . et j'adore Colette Chanvre.

Oui, jeudi ça va.

J'adore jouer au bridge!

Oui, à quelle heure? A huit heures et demie?

Merci. A jeudi.

Chapter 14

1

1 Comment? Vous prenez le bus à six heures du matin?
2 Comment? Vous cherchez un couturier pour chiens?
3 Comment? Vous dînez toujours à minuit?
4 Comment? Vous achetez régulièrement ''La Pravda''?
5 Comment? Vous faites une omelette aux escargots?
6 Comment? Vous allez danser dans le parking?
7 Comment? Vous jouez de la trompette dans la salle de bains?
8 Comment? Vous détestez tout le monde?

2

1 Nous achetons souvent ''Le Monde''.
2 Nous prenons souvent un petit cognac.
3 Nous faisons souvent des omelettes.
4 Nous arrivons souvent en retard.
5 Nous mangeons souvent au restaurant.
6 Nous visitons souvent les musées.
7 Nous travaillons souvent à la maison.
8 Nous jouons souvent au Scrabble.

3

1 Je le vois quelquefois.
2 Je les vois le lundi.
3 Je la vois ce soir.

4 Je la vois demain.
5 Je le vois rarement.
6 Je la vois tous les jours.

4

1 Je m'appelle Danielle Monge.
2 J'ai trente-quatre ans.
3 Je suis architecte.
4 (Je suis architecte) depuis six ans.
5 (J'habite Salon-de-Provence) depuis six mois.
6 Oui, j'adore la région.
7 Je joue au tennis.
8 Oui j'aime écouter la musique moderne.
9 Non, je n'aime pas beaucoup lire.
10 Je suis célibataire.

5

Non, je suis de Dieppe.
J'habite Montpellier depuis quatre ans.
Je travaille dans une banque.
Je commence à huit heures et demie (*or* huit heures trente) et je termine à midi.
Je mange à la maison (*or* chez moi).
L'après-midi je travaille de deux heures à six heures.
Je l'aime beaucoup.
Je vais souvent au cinéma. Quelquefois je vais au restaurant.
Je vais à la mer avec des ami(e)s.
Je ne nage pas. Je préfère la plage.
Quelquefois nous jouons tous au volleyball, mais moi, j'aime lire.
Nous allons tous danser.
Pour moi, des vacances idéales!
(Je suis) désolé(e), je dois aller à la banque.
Je vous en prie (*or* De rien). Au revoir.

Chapter 15

1

1 Ah! Ils partent maintenant!
2 Ah! Il chante maintenant.
3 Ah! Ils font la vaisselle maintenant.
4 Ah! Ils téléphonent maintenant.
5 Ah! Elle rentre du travail maintenant.
6 Ah! Il est à la maison maintenant.
7 Ah! Elles terminent le repas maintenant.
8 Ah! Il fait beau maintenant.
9 Ah! Ils sont prêts maintenant.
10 Ah! Ils prennent le thé maintenant.

2

1 Ils vont en Italie tous les deux.

2 Elles habitent Aix toutes les deux.

3 Ils ont faim tous les deux.

4 Ils boivent beaucoup tous les deux.

5 Ils font des études tous les deux.

6 Elles travaillent au Prisunic toutes les deux.

7 Ils parlent anglais tous les deux.

8 Ils dorment l'après-midi tous les deux.

9 Ils chantent bien tous les deux.

10 Ils partent à Biarritz tous les deux.

3

J'habite Avignon depuis quinze ans.

Je suis professeur d'anglais—au lycée.

Non, j'ai une maison près de la gare.

Non, je suis marié(e). Je suis marié(e) depuis vingt ans.

J'ai deux filles et un garçon.

Le garçon a dix-neuf ans, les filles (ont) dix-sept et onze ans.

Le garçon fait son service militaire.

Désirée prépare le baccalauréat. Elle veut être médecin.

Elle est au lycée, en sixième.

Nous n'allons plus ensemble.

Eh bien, mon fils fait son service militaire, et Désirée a dix-sept ans et elle
   préfère partir avec des ami(e)s. C'est la vie, n'est-ce pas?

Je vous en prie (*or* De rien)—au revoir.

4

Oui, mais elle n'est pas à la maison maintenant—elle est en vacances.

Non, elle part (*or* va) souvent à la campagne—juste pour quelques jours.

Non, notre famille a une petite maison à la campagne.

Très loin. Ma soeur aime la vie simple.

Oh, elle travaille toujours. Elle préfère la campagne. C'est une question de
   calme.

Elle commence un autre livre.

Je ne sais pas, c'est un secret.

Non, c'est un livre d'histoire.

C'est la vie de Mme de Montespan.

Non, c'est impossible. Elle a peur de la publicité . . . et elle déteste les
   journalistes.

Chapter 16

1

1 Vous avez déjà acheté un billet de loterie?

2 Vous avez déjà marché sur les quais de la Seine?

3 Vous avez déjà dansé le tango?

4 Vous avez déjà joué au golf?

5 Vous avez déjà pique-niqué dans la forêt?

6 Vous avez déjà fait un voyage en Italie?

7 Vous avez déjà visité la Maison de la Culture?

8 Vous avez déjà écouté de la musique moderne?

2

1 J'ai acheté un lapin et j'ai payé vingt francs.

2 J'ai acheté de la viande et j'ai payé quinze francs.

3 J'ai acheté une bouteille de champagne (or du champagne) et j'ai payé trente-cinq francs.

4 J'ai acheté un billet de loterie et j'ai payé cinquante francs.

5 J'ai acheté trois cartes postales et j'ai payé trois francs.

6 J'ai acheté une paire de chaussures et j'ai payé deux cents francs.

7 En tout j'ai dépensé trois cent vingt francs.

3

1 Oui, j'en voudrais trois.

2 Oui, j'en voudrais deux boîtes.

3 Oui, j'en voudrais quatre bouteilles.

4 Oui, j'en voudrais une tranche.

5 Oui, j'en voudrais une livre.

6 Oui, j'en voudrais six.

7 Oui, j'en voudrais un pot.

8 Oui, j'en voudrais un litre.

9 Oui, j'en voudrais un pot.

10 Oui, j'en voudrais assez pour quatre personnes.

4

J'ai fait mes courses.

J'ai acheté de la viande, du pain, de la salade, et du vin.

J'ai acheté deux bouteilles de vin rouge. Zut! Je l'ai oubliée!

J'ai déjeuné à la maison (or chez moi), puis (or ensuite) j'ai téléphoné à une amie.

J'ai travaillé dans le jardin.

Pas beaucoup, mais il faut le faire.

5

J'ai réservé une chambre—j'ai téléphoné hier.

Dominique Béranger.

Mais j'ai réservé une chambre avec salle de bains.

Tant pis. Est-ce que vous avez (or vous avez, or avez-vous) une chambre avec douche?

Parfait. C'est pour une personne.

Je pense rester trois jours.

Oui, et j'ai cherché le parking mais je ne l'ai pas trouvé.

Merci. A ce soir!

Chapter 17

1

1 Oui, j'y vais la semaine prochaine.
2 Oui, j'y reste jusqu'à samedi.
3 Oui, j'y passe ce soir.
4 Oui, j'y vais ce weekend.
5 Oui, j'y suis allé en mai.
6 Oui, j'y suis passé ce matin.
7 Oui, j'y suis retourné après le déjeuner.
8 Oui, j'y suis entré à onze heures.

2

1 Je suis passé(e) à la pharmacie.	6 Je suis retourné(e) à la pharmacie.
2 Je suis monté(e) au château.	7 Je suis passé(e) chez Marianne.
3 Je suis rentré(e) à la maison.	8 J'y suis resté(e) une demi-heure.
4 Je suis revenu(e) en ville.	9 Je suis sorti(e) le soir.
5 Je suis entré(e) au supermarché.	10 Je suis allé(e) au théâtre.

3

1 Quand Paul est revenu, je suis sorti.
2 Quand je suis allé en ville, j'ai oublié mon porte-monnaie.
3 Quand j'ai terminé le repas, je suis descendu à la plage.
4 Quand je suis arrivé à Rome, j'ai perdu mon passeport.
5 Quand j'ai perdu mon passeport, je suis allé à la police.
6 Quand j'ai eu mon baccalauréat, j'ai pleuré de joie.
7 Quand je suis passé à la boulangerie, j'ai pris des croissants.
8 Quand j'ai téléphoné à Louis, je l'ai invité à diner.
9 Quand je suis monté sur le toit, j'ai regardé le panorama.

4

1 Oui, ils reviennent demain.
2 Non, elle est revenue hier.
3 Non, ils sont revenus la semaine dernière.
4 Oui, elle revient dans une heure.
5 Oui, il revient jeudi prochain.
6 Non, ils sont revenus dimanche dernier.
7 Oui, elles reviennent ce soir.
8 Non, elles sont revenues à midi, *or* Oui, elles reviennent à midi.

5

Oui. Il est venu avec Jacqueline. Ils sont arrivés tard.
Françoise est venue aussi. Mais elle est partie à neuf heures.
Oui, elle est partie quand Sylvie est arrivée. Elle déteste Sylvie.
Non, Paul n'est pas venu.
Oui, mais il est revenu de Londres hier. Il est fatigué. Il est resté à la
   maison (*or* chez lui).

Un peu. Mais nous sommes tous sortis dans le jardin. Nous avons mangé dans le jardin.

Je suis resté(e) jusqu'à deux heures du matin. Les autres sont tous partis à minuit.

6

Nous sommes sortis à deux heures et demie.

Non, Paul et Jacqueline sont venus avec leur voiture.

Oui, ils sont gentils, n'est-ce pas? Nous sommes allés en ville.

Nous avons visité les nouvelles boutiques près du château.

Non, non . . . Nous avons acheté des (or quelques) cartes postales, mais Jacqueline a acheté une robe. Elle a dépensé deux cents francs.

C'est une robe de très bonne qualité.

Non, nous sommes allés à la campagne: il a fait très chaud, nous sommes montés aux Baux.

Oui, c'est très joli (or beau). Nous avons pris beaucoup de photos.

Nous sommes revenus en ville. Paul a trouvé un nouveau restaurant italien la semaine dernière. Nous y avons mangé (or nous avons mangé là).

Pas du tout. Puis (or ensuite) nous sommes allés au cinéma.

Je sais, je sais: après le cinéma nous sommes allés à Luna Park

. . . et nous avons gagné quelque chose!

Voici Harvey.

Try your skill

1

1 J'*ai* trois semaines de vacances *par* an. *(Verbs, the present* p. 53; *par* p. 18)

2 M. Blanc *travaille* de huit heures le matin à cinq heures *et demie. (Verbs, the present* p. 53; *time* Book I p. 122)

3 Quel âge *avez*-vous? Je *vais* avoir vingt ans. *(Be your age* p. 10; *infinitives: future* p. 55)

4 Qu'est-ce que vous *avez* acheté *aujourd'hui? (What you did* p. 33; *vocabulary)*

5 Richard et Christine *sont allés en* France. *(Where you went* p. 43; *where are you going/staying* p. 51)

6 *Il* fait beau: je voudrais *être* sur la plage. *(The weather* p. 44; *summary: wishes and desires* p. 55)

7 Nous *avons* acheté des fruits et nous les avons *mangés. (What you did* p. 33; *word order* p. 33)

8 On *doit* partir à Paris ce soir si on veut *y* arriver demain. *(It's got to be done* p. 8; *y* p. 43)

9 *Où* est Odile? Elle *est partie* ce matin. *(Vocabulary; partir/aller* p. 43)

10 Les garçons *sont descendus* en ville *la semaine dernière. (Where you went* p. 43; *vocabulary)*

11 Voulez-vous sortir avec *moi? Il y a* un bon film au Ciné-Lux. *(Moi* Book I p. 75; *vocabulary)*

12 *Il fait* chaud! *Il fait* ouvrir les fenêtres. *(The weather* p. 44; *it's got to be done* p. 8)

13 Voulez-vous *des* sardines? Non merci, je ne *les* aime pas. *(Some/any* Book I p. 39; *it/them* Book I p. 112)

14 *Où* est-ce que vous allez? Je sors *prendre* un café. *(Vocabulary; venez manger* p. 9)

15 Vous *allez* téléphoner à Désirée? Oui, *bien* sûr. *(Future—aller* p. 55; *vocabulary)*

16 Nous *habitons* à Aix-en-Provence depuis deux ans. *(Depuis* p. 18)

17 Vous êtes allée *au* Louvre? Non, je n'*y* suis pas allée. *(Vocabulary; y* p. 43)

18 Ces fruits sont un peu *vieux.* Il ne faut pas *les* manger. *(Adjectives* Book I p. 132; *it/them* p. 10)

19 Qu'est-ce que vous *faites* pour les vacances? Je vais *en* France. *(Verbs, the present* p. 53; *where are you going/staying*? p. 51)

20 Anne *est venue* avec son mari? Non, elle est arrivée *seule. (Where you went* p. 43; *adjectives* Book I p. 132)

21 *Comme* il a fait très beau, nous *sommes* allés sur la plage. *(Linking sentences together* p. 58; *where you went* p. 43)

22 Vous allez *préparer* le dîner? Oui, je vais le *faire* maintenant. *(Future—aller* p. 55; *vocabulary)*

23 Elles *vont* toujours au club? Non, *elles n'y vont plus.* *(Vocabulary)*

24 *Vous avez* faim? Venez *manger* chez *moi.* *(Vocabulary; venez manger* p. 9; *moi* Book I p. 75)

25 Anne et Christine sont *parties* en vacances *au* Havre. *(Where you went* p. 43; *where are you going/staying*? p. 51)

2

1 Il en a acheté.

2 Il les a donnés à Sylvie.

3 Puis il est sorti avec elle.

4 Ils sont allés en ville et ils y ont retrouvé deux amis.

5 Ils sont tous allés à la brasserie et ils y ont mangé.

6 Des escargots! Jean-Pierre en a pris une douzaine.

7 Joseph ne les aime pas.

8 Sylvie les déteste. Mais elle adore la ratatouille.

9 Elle l'a donc prise.

10 Comme dessert? Une tarte aux fraises. Tout le monde en a pris une tranche.

11 Joseph a acheté des cigarettes et Sylvie en a fumé une.

12 Ah! L'Espagne! Joseph y est allé l'année dernière.

13 Pendant le café il en a parlé.

14 Il les a invités chez lui.

15 Comme ça tout le monde y a terminé la soirée.

3

Je *suis* de Lyon mais l'an dernier je *suis venue habiter* Marseille où j'*ai acheté* un studio; il *est* petit, mais moderne. J'*ai* un frère et une soeur, et bien sûr mes parents. Ils *habitent* toujours à Lyon. Ma soeur Caroline *a* onze ans et elle *veut être* mannequin. Mon frère *fait* son service militaire. Je *suis* très occupée, et je n'*ai* jamais assez de temps pour *faire* le ménage. Lundi *est* une journée typique pour moi. A sept heures je *prends* une douche, puis je *prépare* mon café. Ensuite je *vais* au travail à la banque. J'y *suis* secrétaire depuis un an. Le matin je *travaille* de huit heures à midi. A midi je *vais déjeuner* dans un petit restaurant du quartier, puis je *fais* des courses et à deux heures je *rentre* au bureau. Cela *continue* jusqu'à six heures. Quelques minutes pour *faire* les achats—un peu de viande, du pain, des fruits, de l'eau minérale—je n'*aime* pas beaucoup le vin—et j'*arrive* chez moi. J'*aime* beaucoup *inviter* des amis—quelquefois nous *dînons* ensemble à la maison, quelquefois nous *allons* au cinéma ou au café. Mais quand je *suis* seule je *dîne,* je *regarde* la télévision s'il y *a* un bon film et à onze heures et demie je *vais* au lit. Le samedi et le dimanche je ne *travaille* pas; en général je *vais voir* ma famille à Lyon, mais quelquefois je *reste* à Marseille. Par exemple, la semaine dernière des amis parisiens *sont venus* à Marseille et j'*ai passé* le weekend avec eux. Samedi j'*ai visité* la ville avec mes amis; je les *ai accompagnés* au Vieux Port, ensuite nous *sommes montés* à la basilique de Notre Dame de la Garde. Pour déjeuner nous *sommes descendus* en ville, et l'après-midi nous *avons visité* les musées et nous *avons regardé* les magasins. Puis ils *sont rentrés* à leur hôtel et je *suis rentrée* chez moi. J'*ai changé* de robe, je *suis sortie* un peu plus tard et je *suis allée trouver* mes amis à la terrasse d'un café sur la rue principale de Marseille, la Canebière. Dimanche ils *ont loué* une voiture et ils *sont partis* en Camargue; ils *sont allés* jusqu'à Aigues-Mortes où ils *ont fait* beaucoup de photos. Ensuite ils *sont revenus* à l'hôtel, ils *sont partis* à l'aéroport et moi, je *suis retournée* chez moi.

Chapter 19

1

1 C'est un monsieur qui travaille dans une épicerie.
2 C'est un monsieur qui travaille dans une pharmacie.
3 C'est une dame qui travaille dans une charcuterie.
4 C'est un monsieur qui travaille dans une boulangerie.
5 C'est un monsieur qui travaille dans un magasin (*or* une boutique).
6 C'est une dame qui travaille dans un bureau.
7 C'est un monsieur qui travaille dans un café (*or* un restaurant).
8 C'est une dame qui travaille dans un hôpital.
9 C'est une dame qui travaille dans un avion.
10 C'est un monsieur qui travaille dans un casino.

2

1 Oui, c'est Georges qui a téléphoné hier.

2 Oui, c'est Gisèle que nous avons vue au cinéma.

3 Oui, c'est Madame Latrombe qui est professeur de karaté.

4 Oui, c'est Julie qui va épouser le duc d'Argenteuil.

5 Oui, c'est Venise que je voudrais voir.

6 Oui, c'est la petite fille qui a téléphoné aux pompiers.

7 Oui, c'est Martine qu'on a retrouvée près du canal.

8 Oui, c'est ma grand-mère qui veut aller en Chine.

3

1 Josée, qui est mariée depuis dix ans, a trois enfants.

2 Le mari de Josée, qui est journaliste, voyage beaucoup.

3 Il travaille dans un petit bureau qu'il a construit dans le jardin.

4 Les enfants, qui sont âgés de six, huit et neuf ans, vont à l'école du quartier.

5 Le dimanche ils sortent jouer avec des amis qui habitent à côté.

6 Anne, qui est célibataire, travaille au Bureau du Tourisme.

7 Elle habite une maison ancienne qui est près du village.

4

1 Non, c'est Napoléon qui a dit "Il n'y à plus de Pyrénées".

2 Non, c'est Jeanne d'Arc que les Anglais ont brûlée à Rouen.

3 Non, c'est Edouard Manet qui a peint "Un Bar aux Folies-Bergères".

4 Non, c'est Marie Curie qui a découvert le radium.

5 Non, c'est Edith Piaf qui a chanté "Non, je ne regrette rien".

6 Non, c'est Charles de Gaulle qui a organisé la France Libre de 1940 à 1945.

7 Non, c'est Grace Kelly qui a épousé le prince de Monaco.

8 Non, c'est Ferdinand de Lesseps qui a construit le Canal de Suez.

9 Oui, c'est la Corse qui est l'île d'origine de Napoléon Bonaparte.

5

Bonjour madame.

Il y en a quatre. Il y a un train qui part à dix heures trente (*or* et demie) et qui arrive à midi quinze (*or* et quart), ou il y a un train qui part à onze heures trente (*or* et demie) et qui arrive à midi trente (*or* et demi).

Il n'y a rien avant cinq heures trente (*or* et demie). Mais le soir il y a un train qui part à neuf heures et qui arrive à Auxerre à onze heures.

Je suis désolé(e): il n'y a rien avant cinq heures trente (*or* et demie).

Eh bien, vous pouvez prendre le car.

Un moment (*or* un instant), s'il vous plaît. Oui, il y a un car qui part à deux heures quinze (*or* et quart) et qui arrive à cinq heures.

C'est le seul car qui part (dans) l'après-midi.

Le car d'Auxerre . . . C'est la ligne dix-huit. Il faut aller à la gare routière.

C'est facile. C'est très près de la clinique.

Oui, la grande maison blanche que vous pouvez voir . . . là.

Je vous en prie (*or* De rien). Au revoir.

6

Quelle fille? Ah oui, la fille qui parle avec le vieux monsieur.

Non, qui c'est? (*or* Qui est-ce?)

M. Pradonet? Le monsieur qui travaille à la pharmacie?

Ah oui. C'est la fille qui est partie (*or* allée) à Paris l'année dernière et qui veut être actrice, n'est-ce pas?

Eh bien, elle est venue voir ses parents.

Ah? (Est-ce qu') elle est venue avec une amie alors?

Eh bien, Marie-Laure est une fille qui a toujours eu beaucoup d'amis.

Oui, je sais. Son fiancé est le jeune homme qui parle à Mme Jaze.

Mon Dieu, non. Le vieux monsieur qu'elle regarde est Henri de Chaudfroid, qui fait des films.

Marie-Laure est l'actrice qu'il a choisie pour son prochain film.

Aujourd'hui nous célébrons deux choses: le contrat que Marie-Laure a accepté et le fiancé qu'elle a accepté.

C'est très simple: le fiancé de Marie-Laure est mon cousin Patrick.

Chapter 20

1

1 Je suis sûr(e) que ce n'est pas Mme Leroux.
2 J'ai l'impression que Mme Leroux est à Lyon cette semaine.
3 Je sais qu'elle n'aime pas partir sans M. Leroux.
4 Elle pense que M. Leroux sort avec d'autres femmes.
5 Je suis persuadé(e) (*or* convaincu[e]) que ce n'est pas vrai.
6 Je pense qu'il travaille avec cette femme.
7 Je crois qu'ils ont déjeuné ensemble.
8 Je suis certain(e) (*or* sûr[e]) que c'est tout.
9 A mon avis (*or* selon moi) tout va bien chez les Leroux.

2

1 Josette connaît l'ambassadeur depuis cinq ans.
2 Qui est la maire d'Aix-en-Provence? Je ne sais pas.
3 Nous connaissons le Palais des Ducs.
4 Pierre est un très vieil ami. Je le connais très bien.
5 Connaissez-vous la Bretagne?
6 Je sais qu'il faut faire des exercices pour apprendre le français.
7 Je voudrais savoir à quelle heure part le prochain train.
8 Bien sûr, nous connaissons Marseille. Nous sommes marseillais.
9 Vous savez où il faut aller pour louer une voiture?
10 Les enfants savent que j'adore les gâteaux.

3

1 Béatrice est plus intelligente qu' Alfred.
  Alfred est moins intelligent que Béatrice.

2 Mme Delage est plus active que Mme Morphe.

Mme Delage est moins fatiguée que Mme Morphe.

Mme Morphe est moins active que Mme Delage.

Mme Morphe est plus fatiguée que Mme Delage.

3 La maison des Martin est plus calme que la maison des Dupont.

La maison des Dupont est moins calme que la maison des Martin.

4 Pierrette est plus charmante que Gertrude.

Gertrude est moins charmante que Pierrette.

5 M. Lemaître est plus galant que M. Rappin.

M. Rappin est moins galant que M. Lemaître.

6 Georges est plus honnête que Guy.

Guy est moins honnête que Georges.

7 La comtesse de Sartrouville est plus riche que Mme Chiffon.

Mme Chiffon est moins riche que la comtesse de Sartrouville.

Mme Chiffon est plus pauvre que la comtesse de Sartrouville.

La comtesse de Sartrouville est moins pauvre que Mme Chiffon.

8 L'oncle Jérôme est plus vieux que la tante Véronique.

La tante Véronique est moins vieille que l'oncle Jérôme.

L'oncle Jérôme est moins jeune que la tante Véronique.

La tante Véronique est plus jeune que l'oncle Jérôme.

4

J'ai perdu mon sac.

Je crois (*or* je pense) que je l'ai perdu rue de la République.

Je ne sais pas. C'est terrible!

Ce matin. J'ai acheté quelques (*or* des) cartes postales à onze heures. Oui.
    Je suis sûre que je l'ai perdu après cela (*or* ça).

C'est un sac bleu.

Il y a de l'argent. Oui, je pense (*or* je crois) qu'il y a à peu près (*or* environ)
    cent francs.

Mon passeport. Ah oui, et les cartes postales . . . et je sais qu'il y a un
    paquet de cigarettes dans le sac.

Oui, je crois (*or* je pense) que c'est tout.

C'est ça! Je suis persuadée (*or* convaincue) que j'ai laissé le sac au drug-
    store.

5

Je connais Paris très bien. J'y habite.

Je suis d'Angers, mais j'habite Paris maintenant.

Oh Paris! C'est certain (*or* sûr).

Bien sûr. Je suis certain (*or* sûr) que la vie est plus chère à Paris, je sais que
    la ville est bruyante. Et tout le monde pense que les Parisiens sont
    moins agréables, mais ce n'est pas vrai, à mon avis (*or* selon moi).

Ah! C'est très agréable, je crois que c'est moins cher aussi, et je suis certain
    (*or* sûr) que tout est plus calme, mais . . .

J'ai l'impression qu'en province il y a moins d'activités culturelles—concerts,
    théâtres, films et tout ça.

Mais si; à mon avis la province est très agréable pour les vacances—mais seulement pour les vacances.

Je l'adore—et c'est important pour mon travail.

Je suis acteur, et il y a beaucoup de théâtres à Paris.

Je sais.

Oui, et à mon avis c'est très intéressant. Je vais souvent à Lyon; je suis convaincu (*or* persuadé) que c'est un centre important pour le théâtre.

Je sais qu'il y a un bon théâtre à Marseille, puis il y a Avignon et Bourges . . . il y a beaucoup de choses intéressantes en province à mon avis.

Chapter 21

1

1 Je vais passer à la banque parce que je n'ai plus d'argent.
2 Il faut faire attention parce que la route est dangereuse.
3 Elle passe toutes ses vacances à Cannes parce qu'elle adore la mer.
4 Nous sommes allés déjeuner dans la forêt parce qu'il a fait très beau.
5 Nous allons rentrer à la maison parce que grand-mère nous attend.
6 J'aime habiter Lyon parce que c'est une ville très animée.
7 Ils tombent de fatigue parce qu'ils ont travaillé toute la journée.
8 Les enfants vont souvent au zoo parce qu'ils aiment les animaux.

2

1 Parce qu'elle adore (*or* aime) le soleil.
2 Parce que le magasin (*or* la charcuterie) est fermé(e).
3 Parce que je n'ai pas (*or* plus) d'argent.
4 Parce qu'il aime Julie.
5 Parce qu'il joue de la trompette.
6 Parce qu'ils sont malades.
7 Parce qu'il est trop grand.
8 Parce qu'elle est trop petite (*or* jeune).
9 Parce que c'est trop cher.
10 Parce que c'est le quatorze juillet (*or* dimanche).

3

1 Je suis souvent allé au Louvre.
2 J'aime toujours voir Montmartre.
3 Je marche dans le Quartier Latin tous les jours.
4 Je prends des photos toutes les cinq minutes.
5 Je vais rarement aux bons restaurants.
6 Je ne suis jamais descendu dans les catacombes.
7 Je suis allé chez. Dior une fois.
8 J'ai des rendez-vous avec mes amis tous les soirs.
9 Je n'ai jamais nagé dans la Seine.
10 Je dépense toujours tout mon argent.

4

Oui, je suis resté chez moi (*or* à la maison) parce que j'ai la grippe.

Je suis rentré (*or* arrivé) chez moi (*or* à la maison) à six heures et demie, j'ai pris de l'aspirine et un whisky parce que j'ai la grippe.

Puis j'ai téléphoné à ma mère parce qu'elle part (*or* va) à Nantes demain.

Après ça, j'ai préparé le dîner et j'ai mangé.

Non, je n'ai rien entendu parce que je suis un peu sourd parce que j'ai la grippe.

Mon Dieu! Qu'est-ce qu'ils ont volé?

C'est terrible, bien sûr je ne suis jamais entré dans l'appartement parce que le monsieur est un peu bizarre—il aime être seul . . . peut-être parce qu'il pense que je vais voler sa collection.

Je suis certain, c'est impossible parce que j'ai écouté de la musique, puis j'ai regardé la télévision.

J'ai regardé un film—un film très bruyant.

Quelle coïncidence!

Parce que dans le film ils ont volé les tableaux d'un musée.

5

Oui, c'est mon verre.

C'est parfait, merci.

C'est parce que je suis allé(e) en Angleterre.

Je suis allé(e) à Stoke parce que ma soeur est mariée à un Anglais; ils y habitent.

Oh! La campagne est superbe.

Eh bien, il n'y a pas beaucoup de bons restaurants, mais j'ai très bien mangé à la maison.

Oui, parce que j'ai l'impression que les Anglais voyagent beaucoup. Ils aiment la cuisine française, la cuisine italienne, la cuisine indienne.

Vous devez l'essayer. C'est très intéressant et très bon.

Je sais, parce qu'il n'y a pas de restaurants indiens en ville (*or* par ici).

A cause de l'empire et tout cela.

J'ai visité Londres parce que j'aime aller au théâtre, et à cause des musées et des magasins.

Je suis allé(e) à Oxford aussi, parce que j'y ai passé trois mois l'année dernière.

Je pense que Cambridge est plus beau qu'Oxford mais j'ai beaucoup d'amis qui préfèrent Oxford.

Ah voilà Odile maintenant. Excusez-moi!

Chapter 22

1

1 Où est-ce que Jeanne a acheté la robe?

2 Où est la maison de Mme Latrombe?

3 Quand est-ce que Pierre est allé à Londres?

4 A quelle heure est-ce que le train part?

5 Pourquoi est-ce que Michèle est allée au lit?

6 Est-ce que Georges va téléphoner à la police?

7 Est-ce que les prix augmentent tous les mois?

8 Où sont les chèques?

9 Est-ce qu'il y a un téléphone au café?

10 Combien coûtent les bananes aujourd'hui?

11 Quand est-ce que Pierre a téléphoné à Yvette?

12 A quelle heure est-ce que le car arrive à Aix?

2

1 Il est né à Tourcoing.

2 Il habite maintenant (à) Aix-en-Provence.

3 Non, il est marié.

4 Il a fait ses études à Paris.

5 Il a fait trente ans dans l'armée.

6 Il habite (à) Aix-en-Provence depuis mille neuf cent soixante et un.

7 Non, il est parisien.

8 Elle est parisienne aussi (or également).

9 Il est venu habiter (à) Aix-en-Provence en mille neuf cent quarante-deux.

10 Ils ont six enfants.

11 Je ne sais pas.

3

Oui je la connais depuis dix ans.

Je sais. Elle habite Marseille depuis un mois.

Non, elle est hôtesse.

Non, non. Elle est hôtesse dans une grande banque.

Oui c'est très intéressant—il faut être très intelligent et il faut parler
   (l')anglais et (l')italien aussi.

Oh si. Elle a étudié les langues au lycée.

A mon avis c'est une fille très intelligente.

Et elle est très contente (or heureuse).

Je suis allé à Marseille la semaine dernière et nous sommes sortis ensemble.

Oui, dans un très bon petit restaurant qui est près du Vieux Port.

Nous sortons ensemble depuis environ (or à peu près) six mois.

Il faut (or je dois) vous dire que Dominique est ma fiancée.

Non elle est ma fiancée depuis la semaine dernière.

4

1 Je voudrais trois bouteilles de vin.

2 Je voudrais un verre de vin.

3 Je voudrais une tarte aux pommes.

4 Je voudrais un kilo de bananes.

5 Je voudrais un paquet de cigarettes et une boîte d'allumettes.

6 Je voudrais quatre pommes.

7 Je voudrais une boîte de sardines.

8 Je voudrais six oeufs.

9 Je voudrais du café.

10 Je voudrais de la tarte aux fraises.

11 Je voudrais du fromage.

12 Je voudrais des croissants.

13 Je voudrais des escargots.

14 Je voudrais de l'eau minérale.

15 Je voudrais du pain.

16 Je voudrais de la moutarde.

5

1 Pour aller à la gare, s'il vous plaît?

2 Pour aller au théâtre, s'il vous plaît?

3 Pour aller aux grands magasins, s'il vous plaît?

4 Pour aller au Syndicat d'Initiative, s'il vous plaît?

5 Pour aller au marché, s'il vous plaît?

6

Excusez-moi (*or* pardon) monsieur, est-ce qu'il y a un restaurant dans le quartier?

C'est loin?

Où est la brasserie, s'il vous plaît?

Et pour aller à la place de la Cathédrale?

Je traverse le boulevard, je prends la deuxième à gauche, et aux feux rouges je tourne à droite, et à cent mètres c'est la place de la Cathédrale.

Merci beaucoup monsieur.

Chapter 23

1

1 Est-ce qu'on peut acheter des timbres ici?

2 Où est-ce qu'on peut acheter des timbres?

3 Est-ce qu'on peut fumer ici?

4 Où est-ce qu'on peut téléphoner par ici (*or* dans le quartier *or* près d'ici)?

5 Quand est-ce qu'on peut visiter le musée?

6 Est-ce qu'on peut garer la voiture ici?

7 Où est-ce qu'on peut garer la voiture par ici (*or* dans le quartier *or* près d'ici)?

8 Où est-ce qu'on peut voir l'exposition de Picasso?

9 Est-ce qu'on peut prendre des photos?

2

1 J'adore la cuisine française.

2 J'adore jouer au tennis.

3 J'adore la France.

4 J'adore le ski (*or* faire du ski).

5 J'aime assez danser.

6 J'aime assez écouter de la musique.

7 J'aime assez aller au théâtre.

8 J'aime assez voyager à l'étranger.

9 Je n'aime pas du tout rester à la maison.

10 Je n'aime pas du tout être malade.

11 Je n'aime pas du tout visiter les cathédrales.

12 Je n'aime pas du tout le poulet.

3

Je suis d'Auxerre.

Je suis architecte.

Je suis architecte depuis quatre ans.

Oui, j'ai trois enfants—deux filles et un garçon.

Le garçon a huit ans, les filles ont cinq et quatre ans.

Je commence à huit heures du matin. Je termine à cinq heures et demie.

J'ai deux heures pour manger.

Je mange à la maison (*or* chez moi) avec mes enfants.

J'ai trois semaines.

4

1 Paris? Je crois que c'est très beau.

2 Marseille? Je voudrais y habiter.

3 Le pâté de foie gras? Je pense que c'est très cher.

4 Grand-mère? Il faut (*or* je dois) lui téléphoner.

5 Carte d'identité? Il faut en avoir une.

6 L'exposition de Picasso? Il faut (*or* je dois) aller la voir.

7 Brest? Pierre y travaille.

8 Le prix du beurre? Tous les prix augmentent.

9 Le prix de l'essence? Il faut (*or* je dois) en acheter cet après-midi.

10 Il fait très beau aujourd'hui? Bon, je vais à la plage.

Try your skill

1

1 Je vous *remercie* beaucoup madame. Je vous *en prie*. (*Vocabulary; vive la politesse* pp. 112-113)

2 Vous partez *en* vacances? Oui, mais je ne *sais* pas où. (*Vocabulary; knowing* p. 80)

3 *Quelles* qualités *faut*-il pour être une bonne secrétaire? (*Asking for precise information* p. 69; *it's got to be done* p. 8)

4 C'est la fille *que* nous avons *rencontrée* à Aix. (*Giving precise information* p. 69; *fit sentences together* A—Note p. 123)

5 Marcelle *travaille* à la banque depuis *six mois*. (*He, she, they* p. 25) *depuis* p. 18)

6 "Julie, je t'adore *depuis longtemps*," *dit* Oscar. (*Depuis* p. 18; *vocabulary*)

7 Renée *ne va pas* venir. Nous l'attendons *depuis* une heure. (*Put the sentence together* pp. 57-58; *depuis* p. 18)

8 Nous avons *téléphoné* à Monique et à Henriette; elles *sont revenues* de Paris. (*What you did* p. 33; *where you went* p. 43)

9 *Qu'est-ce que* c'est? Un kilo *d'*abricots. (*Questions and answers* Book I p. 10; *quantities* Book I p. 45)

10 Vous *êtes* allé en France? Oui, *au* Havre. (*Where you went* p. 43; *where are you going/staying* p. 51)

11 Il faut *avoir* dix-huit ans pour voter *en* France. (*Be your age* p. 10; *where are you going/staying* p. 51)

12 J'y ai habité *pendant* quatre ans, de 1968 *à* 1972. *(Talking about the past* p. 102; *vocabulary)*

13 Vous avez fumé *toutes vos* cigarettes? *(Tout* Book I p. 94; *possession* p. 56)

14 Pourquoi? Vous *en* voulez une? *(En* p. 34)

15 Qu'est-ce que vous *avez vu* hier soir? *Un film anglais. (Vocabulary* and *what you did* p. 33)

16 Je suis très *content* de faire votre *connaissance. (Vive la politesse* pp. 112-113)

17 *Je sais* que Paris est la capitale de la France. *(Knowing* p. 80)

18 *Où* êtes-vous allés? Nous sommes allés *au* musée. *(Vocabulary)*

19 Pourquoi aimez-vous *cette* fille? Parce qu'elle est *belle. (Ce* Book I p. 94; *adjectives* Book I p. 132)

20 Vous voyez Georges *souvent?* Oui, je le *connais* bien. *(Vocabulary* and *how often* pp. 91-92; *knowing* p.80)

21 Pourquoi *êtes-vous* partie? *Parce que* je suis fatiguée. *(Where you went* p. 43; *why? because* p. 91)

22 Où sont *vos* enfants? *Dans le jardin. (Possession* p.56; *vocabulary)*

23 Je *voudrais aller* dans les Alpes—j'adore *faire* du ski. *(Vocabulary)*

24 Voulez-vous *des* tartes? Oui, j'en *voudrais quatre. (Some/any* Book I p. 39; *en p. 34)*

25 C'est Paul *qui* aime Nina. *Moi,* j'aime Anne. *(Stressing the point* p. 70; *moi, je* Book I p. 41)

26 Le cognac est *plus* cher *que* l'eau. *(Making comparisons* p. 81)

27 Domrémy? Mais c'est le village *où* Jeanne d'Arc *est née. (Fit sentences together* p. 123; *verbs: the past* p. 54)

28 *Voulez-vous* du pâté? Non merci, *je ne peux plus manger. (Vocabulary)*

29 *A mon avis,* il faut toujours *sortir* quand il fait beau. *(Stating your opinion* p. 80; *it's got to be done* p. 8)

30 Venez *dîner.* Nous allons manger *à la française. (Venez manger* p. 9; *vocabulary)*

2
Correct order:
6–10–8–16–1–5–17–11–2–18–15–3–12–20–14–4–7–19–13–9

3
Dimanche matin *je suis restée* au lit et *j'ai dormi* jusqu'à neuf heures et demie. Puis *j'ai pris* une douche, *j'ai fait* ma toilette, *j'ai bu* une grande tasse de café et *j'ai mangé* des croissants au beurre. *J'ai dû* descendre les chercher, mais tant pis, ils *ont été* excellents. Ensuite *j'ai écouté* un peu la radio, *j'ai fait* un peu de ménage, puis vers midi *je suis sortie: je suis allée* au garage prendre la voiture, parce que ma cousine Thérèse m'*a invitée* à déjeuner chez elle à la campagne. *Je suis arrivée* chez Thérèse vers une heure et *j'ai eu* beaucoup de plaisir à retrouver toute sa famille. Comme *il a fait* très beau, *nous avons mangé* dans le jardin. Après le dessert les enfants nous *ont quittés;* ils *sont allés* à la piscine. *Nous avons passé* l'après-midi

très agréablement; *nous avons pris* le soleil, puis *nous sommes rentrés* dans la maison et *nous avons joué* au bridge pendant quatre heures. Après cela *j'ai dit* au revoir à tout le monde, *je suis rentrée* en ville et *je suis descendue* au café pour acheter des allumettes; Paul et Virginie *sont passés* par hasard et *nous avons terminé* la soirée ensemble parce que *nous avons eu* envie de voir le nouveau film au Ciné-Palace.

Vocabulary

The English translations apply to the words *as they are used in the texts.*
Adjectives are normally given only in the masculine form. For more information on agreement of adjectives see Book I p. 132.
Verbs marked (E) form the perfect tense with *être.*
Verbs marked * work differently from regular *-er* verbs like *travailler* and their forms are shown in the *Verb List* pp. 136-137.
Abbreviations: *m* masculine; *f* feminine; *pl* plural; *adj* adjective.

A

à *at; to; in; with*
abandonner *to leave; to give up*
l' abonné(e) *(m or f) subscriber*
l' absence *(f) absence*
absurde *absurd*
l' accent *(m) accent*
accepter *to accept*
s' accrocher (E) *to hold on*
l' accusé *(m) defendant*
accuser *to accuse*
les achats *(m) shopping*
* acheter *to buy*
actif *active:* les femmes actives *working women*
les activités *(f) activities*
l' actrice *(f) actress*
adorer *to love*
l' adversaire *(m or f) opponent*
l' aéroport *(m) airport*
affectueux *(f affectueuse) affectionate*
l' âge *(m) age;* quel âge avez-vous? *how old are you?* à l'âge de dix-huit ans *at eighteen;* âgé *old:* âgé de douze ans *aged twelve*
l' agence *(f) agency*
agité(e) *hectic*
agréable *pleasant, nice*
agréablement *pleasantly*

aider *to help*
aimer *to like; to love;* j'aimerais *I'd like*
l' aîné(e) *(m or f) eldest*
l' air *(m) air*
aixois *(f aixoise) from Aix-en-Provence*
ajouter *to add*
l' alcool *(m) alcohol*
Alger *(m) Algiers*
l' Algérie *(f) Algeria*
l' alimentation *(f) food*
les aliments *(m pl) food*
aller (E) *to go*
allô *hello (on phone)*
l' allumette *(f) match*
alors *well;* ou alors *or else*
les Alpes *(f) Alps*
alsacien *from Alsace*
amateur *amateur*
l' ambiance *(f) atmosphere*
l' ami(e) *(m or f) friend*
l' amour *(m) love*
l' an *(m) year;* avoir dix ans *to be ten years old*
ancien *(f ancienne) old*
l' ange *(m) angel*
l' Angleterre *(f) England*
l' animal *(m) (pl animaux) animal*
animé(e) *lively*
l' année *(f) year*

157

l' annuaire *(m) telephone directory*

l' appareil *(m)* de photo *camera*

l' appareil ménager *household gadget*

l' appartement *(m) apartment*

l' appellation *(f) (see p. 76)*

* appeler *to call*; je m'appelle *I am called*; comment vous appelez-vous? *what's your name?*

l' appétit *(m) appetite*; bon appétit *enjoy your meal*

apporter *to bring*

* apprendre *to learn*

approcher *to draw near*; approchez! *come here!*

après *after(wards)*; d'après vous *in your opinion*

l' après-midi *(m) afternoon*

archéologique *archeological*

l' argent *(m) money*

l' armée *(f) army*

arrêter *to stop; to arrest*

l' arrivée *(f) finishing post*

arriver *(E) to arrive*

l' artiste *(m or f) artist; performer*

l' ascenseur *(m) elevator*

l' assassin *(m) murderer*

assez *enough*

l' assistant *(m) assistant*

* attendre *to wait*

attention! *careful!*; faire attention *to take care*

au *(pl* aux) *at the; to the; with;* au moins *at least*

aucun *no (adj.)*

audacieux *(f* audacieuse) *daring*

augmenter *to increase; to go up*

aujourd'hui *today*

au revoir *good-bye*

au secours! *help!*

aussi *also, too;* aussi grand que *as big as*

l' autobus *(m) bus*

l' autocar *(m) coach*

l' autoroute *(f) highway*

autre *other*

auvergnat *from Auvergne*

l' avance *(f) lead*

l' avantage *(m) advantage*

avec *with;* avec ça? *anything else?*

l' avenir *(m) future*

l' avion *(m) plane*

avis; à mon avis *in my opinion*

avoir *(see p. 53) to have;* quel âge avez-vous? *how old are you?*; j'ai faim/soif *I'm hungry/thirsty*; j'ai chaud/froid *I'm hot/cold*; j'ai peur *I'm afraid*

B

le baccalauréat *baccalaureate (see p. 31)*

les bagages *(m) luggage*

la baguette *loaf of bread (see Book I p. 46)*

le bain *bath*

le balcon *circle (theater)*

la banane *banana*

la banque *bank*

le bar *bar*

la barbe *beard*

le bas du mur *the foot of the wall*

* battre *to beat*

bavarder *to chat*

beau *(f* belle) *beautiful, lovely;* il fait beau *the weather's nice (see p. 44)*

beaucoup *very much, a lot*

la beauté *beauty*

le bébé *baby*

belge *Belgian*

la Belgique *Belgium*

belle *(m* beau) *beautiful, lovely*

besoin; avoir besoin de *to need*

le beurre *butter*

la bicyclette *bicycle*

bien *good; well;* eh bien! *well (now)!* c'est bien la mairie? *it is the town hall, isn't it?*

bien sûr *of course*

bientôt *soon*

le billet *ticket*

bizarre *strange*

blanc *(f* blanche) *white*

* boire *to drink*

la boisson *drink*

la boîte *box; can*

le bol *bowl*

bon *good*; bon sang! *good heavens!*;
   bonne année! *happy New Year*
le bonheur *happiness*
  bonjour *good morning/afternoon, hello*
  bon marché *cheap*
  bonsoir *good evening*
le bord *edge, side*
la boulangerie *bakery*
le bouquet *bouquet*
la Bourgogne *Burgundy*; le bourgogne
   burgundy wine
  bourguignon (*f* bourguignonne)
   from Burgundy
le bout *end*
la bouteille *bottle*
la boutique *small shop*
la brasserie *(see Book I p. 108)*
la Bretagne *Brittany*
le brevet *(see p. 31)*
le bridge *bridge (card game)*
la brochette *kebab*
le bruit *noise*
  brûler *to burn*
  bruyant(e) *noisy*
le bureau *office*
le bus *bus*

C

  ça *that, it;* ça va *all right (see Book I p. 35)*
le cabaret *cabaret*
le cabinet de toilette *washbasin, etc.*
  cacher *to hide*
le cadavre *corpse, body*
le café *coffee; café*
  calme *quiet, calm*
la calomnie *slander*
le/la camarade *friend*
la campagne *country(side)*
le camping *camping; camp-site*
le canal *canal*
la capitale *capital (regional or national)*
le caprice *whim*
  car *for, because*
le car *bus*
la carotte *carrot*
la carte *card; map; menu*
  casser *to break*

la casserole *saucepan*
le cassis *black-currant juice*
la catégorie *category, group*
la cathédrale *cathedral*
  à cause de *because of*
la cave *cellar*
  ce *it*
  ce (*f* cette) *this/that*
  cela *that*
  célèbre *famous*
  célibataire *single*
  cent *hundred*
le centre *center;* le centre ville *town center*
  cependant *however*
  certain *certain*
  certainement *certainly*
  ces *these/those*
  c'est *it/she/he is;* c'est-à-dire *in other*
   words; c'est ça *that's right*
  cette (*f*) *this, that*
  chacun *each one*
la chaleur *heat*
la chambre *bedroom*
le champignon *mushroom*
la chance *luck*
  changer *to change*
  chanter *to sing*
le chapeau *hat*
  chaque *every*
la charcuterie *delicatessen (see Book I p. 46)*
  chargé(e) *loaded*
  charmant *charming*
le charme *charm*
le château *castle*
  chaud *hot, warm;* j'ai chaud *I'm hot*
  chauffer *to heat*
la chaussure *shoe*
le chemin *way; road*
le chèque *check*
  cher (*f* chère) *expensive, dear*
  chercher *to look for*
  chéri(e) *darling*
  chez: chez Michel *at/to Michel's place;*
   chez moi *(at) home*
le chiffre *figure*
la Chine *China*

le chocolat *chocolate*
* choisir *to choose*
la chose *thing;* quelque chose *something;*
    autre chose *anything else, something
    else*
la choucroute *sauerkraut*
le chou-fleur *(pl* choux-fleurs) *cauliflower*
le ciel *heaven; sky*
le cinéma *movies*
    cinq *five*
    cinquante *fifty*
la circulation *traffic*
le civet *stew*
le citron *lemon*
la classe *class*
    classique *classical*
la clé *key*
le/la client(e) *customer, client*
le climat *climate*
le cochon *pig*
    combien? *how much/many?*
le comédien *actor*
    commander *to order*
    comme *as, like;* comme boisson? *what
    sort of drink?*
    commencer *to begin, start*
    comment *how; what*
le commerçant *shopkeeper*
le commissaire *inspector*
la communication *communication*
    complètement *completely*
    compliqué(e) *complicated*
* comprendre *to understand*
    compris(e) *included*
    compter *to count; to intend*
le concert *concert*
le/la concierge *caretaker; landlord,
    landlady*
le concours *competition*
    conçu *conceived*
le concurrent *contestant*
    condamner *to condemn*
    confortablement *comfortably*
    connaissance: faire connaissance *to get
    to know (see p. 113)*
* connaître *to know (see pp. 80-81)*

conserver *to preserve*
le consommateur *consumer*
    consommer *to consume*
* construire *to build*
    consulter *to consult*
le contact *contact*
    contemporain *contemporary*
    content *happy*
    continu: la journée continue *(see p. 23)*
le contrat *contract*
    convaincu *convinced*
le coordinateur de travaux *site overseer*
le coq au vin *chicken stewed in wine*
le corps *body*
la côte *coast;* Côtes du Rhône *(see pp. 71-72,
    76)*
    côté: à côté de *next to, near*
    coucher *to stay the night*
la couleur *color*
le coup *blow, knock*
    coupable *guilty*
le couple *couple*
    courage: avoir le courage *to face*
    courant *common*
le courgette *courgette*
* courir *to run*
les courses *(f) shopping*
    court(e) *short*
le cousin/la cousine *cousin*
    coûter *to cost*
le couturier *fashion designer*
* couvrir *to cover*
le cracheur de feu *fire-eater*
la crème *cream*
    crever *to puncture*
le cri *shout*
    crier *to shout, to scream*
le crime *crime*
    criminel *criminal*
* croire *to believe, to think*
    croûte: en croûte *in pastry*
les crudités *(f) raw vegetables*
* cuire *to cook*
la cuisine *kitchen; cooking*
    cuisiner *to cook*
les cuisses *(f) de grenouilles frogs' legs*
la cuisson *cooking*

cultiver *to grow*
culturel (*f* culturelle) *cultural*

D

d'abord *first of all, at first*
d'accord *OK;* être d'accord *to agree*
la dame *lady*
dans *in*
danser *to dance;* la danse *dancing;* le
    dancing *dance hall*
la date *date*
de *of, from;* de rien *don't mention it*
déchirer *to tear*
décidé *definite*
* découvrir *to discover*
* décrire *to describe*
le défaut *fault*
dehors: en dehors de *outside*
déguster *to taste*
déjà *already*
le déjeuner *lunch*
déjeuner *to have lunch*
demain *tomorrow*
demander *to ask (for)*
demi *half;* une heure et demie *half past*
    one
la demoiselle *young lady*
le dentifrice *toothpaste*
départ; au départ de *leaving from*
sé dépêcher (E) *to hurry*
dépend: ça dépend *it depends*
dépenser *to spend (money)*
depuis *since; for (see p. 18);* depuis
    longtemps *for long*
dernier (*f* dernière) *last*
derrière *behind*
le derrière *back part*
des *of the; from the; some*
* descendre (E) *to go/come down*
désirer *to want*
désolé(e) *terribly sorry*
le dessert *dessert*
détacher *to separate*
*se détendre (E) *to relax*
détester *to hate*
deux *two;* tous les deux *both*

deuxième *second*
devant *in front of*
le devant *front*
* devenir (E) *to become*
* devoir *to have to; (see p. 9) to owe*
d'habitude *usually*
la diapositive *slide*
Dieu (*m*) *God*
la différence *difference*
difficile *difficult*
dimanche (*m*) *Sunday*
le dîner *dinner*
dîner *to have dinner*
* dire *to say, tell*
directement *directly*
le directeur *manager*
discuter *to discuss*
la distance *distance*
la distraction *amusement*
dix *ten;* dix-sept *seventeen*
le docteur *doctor*
dois, doit, doivent (*from* *devoir)
dommage *pity*
donc *so, therefore, then*
donner *to give*
* dormir *to sleep*
la douche *shower*
douze *twelve*
droit *straight;* tout droit *straight ahead*
le droit *law*
la droite *right*
le drug-store *drugstore (see Book I p. 91)*
du *of the; some*
dur(e) *hard*
durer *to last*

E

l' échelle (*f*) *ladder*
l' éclair (*m*) *eclair*
l' école (*f*) *school*
économique *economic*
écouter *to listen (to)*
* écrire *to write*
l' éducation (*f*) *education*
effectivement *indeed*
l' effet (*m*) *effect;* en effet *quite right*

également *too, also*
égaler *to equal*
l' égalité *(f) equality*
l' église *(f) church*
eh bien! *well!*
l' électricité *(f) electricity*
élémentaire *elementary*
élevé(e) *high*
elle *she; her*
l' émotion *(f) emotion*
l' employé *(m) employee*
l' employeur *(m) employer*
empoisonné *poisoned*
en *in; some;* j'en voudrais trois *I'd like three (see p. 56);* en retard *late;* en ce moment *now*
l' encombrement *(m) blockage*
encore *still; again;* encore un mois *a month more;* encore une fois *once more*
énerver *to get on someone's nerves*
l' enfant *(m or f) child*
l' enfer *(m) hell*
enfermer *to lock up*
enfin *at last; finally; well*
énorme *enormous*
énormément *a great deal of, an awful lot*
l' enquête *(f) inquiry, investigation*
ensemble *together;* dans l'ensemble *as a whole*
ensuite *then, next*
entendu *agreed;* bien entendu *of course*
entre *between*
l' entrée *(f) first course*
entrer (E) *to go/come in*
envie: avoir envie de *to feel like*
environ *about*
l' épicier *(m) grocer*
l' épingle *(f) pin*
éplucher *to peel*
épouser *to marry*
épuisé(e) *worn out*
l' erreur *(f) mistake*
l' escargot *(m) snail*
l' espérance de vie *life expectancy*
* espérer *to hope;* j'espère *I hope so*

l' esprit *(m) spirit*
l' essence *(f) gasoline*
essentiellement *basically*
est-ce que *(see p. 103)*
et *and;* et caetera *etc.*
l' étage *(m) floor, story*
les Etats-Unis *(m) United States*
l' été *summer*
étranger *foreign;* l'étranger (f l'étrangère) *foreigner;* à l'étranger *abroad*
être *to be (see pp. 53-54)*
les études *(f) studies*
l' étudiant(e) *(m and f) student*
étudier *to study*
eu *(past participle of avoir)*
eux *them*
l' événement *(m) event*
évidemment *obviously*
évident *obvious*
exact(e) *exact, correct*
exactement *exactly*
excessivement *excessively*
exister *to exist*
l' exploitation *(f) exploitation*
l' exposition *(f) exhibition*
l' extérieur *(m):* à l'extérieur *outside*
extra *extra (see p. 15)*
extrêmement *extremely*

F

face: en face *opposite*
facile *easy*
façon: de toute façon *in any case*
la faculté *faculty, university*
faible *weak, poor*
faim: avoir faim *to be hungry*
faire *to make; to do;* il fait beau *the weather's nice (see p. 44)*
fait: en fait *in fact*
faut: il faut *one must, has to; you need (see p. 8)*
la famille *family*
fantastique *fantastic*
la fatigue *exhaustion*
fatigué(e) *tired*

le faux-frère *double crosser*
féliciter *to congratulate*
la femme *woman; wife*; la femme au foyer *housewife*; les femmes actives *working women*
la fenêtre *window*
fermer *to close*
les festivités *(f) festivities*
la fête *fête, entertainment*
le feu *fire*
fiancé *engaged*; le/la fiancé(e) *fiancé(e)*
le filet de boeuf au poivre vert *beef filet with green peppercorns*
la fille *girl; daughter*
le film *film*
le fils *son*
la fin *end*
la finale *final*
finalement *finally*
financier *(f financière) financial*
les fines herbes *(f) mixed herbs*
* finir *to end, finish*
la fleur *flower*
la fois *time, occasion*
la folie *extravagance*
follement *madly, wildly*
la force *strength*
forcément *necessarily*
la forêt *forest*
fort *strong; loud*
la fortune *fortune*
fragile *fragile*
frais(e) *fresh*
la fraise *strawberry*
franc *(f franche) straightforward*
le franc *franc*
français *French*; le Français *Frenchman*; la Française *Frenchwoman*; à la française *French style*
frapper *to knock*
le frère *brother*
le fromage *cheese*
la frontière *border*
le fruit *fruit*
fruité(e) *fruity*
fumer *to smoke*

le funambule *tightrope walker*
futur *future*

G

gagner *to win*
la gaieté *fun, gaiety*
galant(e) *gallant*
la galerie *circle (theater)*; deuxième galerie *upper circle*
le garage *garage*
le garçon *boy; waiter*; le garçon de café *café waiter*; le garçon de salle *indoor waiter*
garder *to keep*
la gare *station*; la gare routière *bus station*
le gâteau *cake*
la gauche *left*
gazeux *(f gazeuse) fizzy*; non-gazeux, -euse *still*
en général *generally, as a rule*
génial *masterly*
le genre *type*
les gens *(m) people*
gentil *(f gentille) nice*
glisser *to slip*
goûter *to taste*
la goutte *drop*
grand(e) *big, large*; les grands magasins *department stores*
gratuit(e) *free*
grave *serious*
la grève *strike*
la grillade *grill*
gros *(f grosse) large*
le gruyère *gruyere*
la guitare *guitar*

H

habiter *to live*
les habitants *(m) inhabitants*
l' habitué *(m) regular customer*
halte! *stop*
hein? *eh?*
l' heure *hour; time*; il est une heure *it's one o'clock*; quelle heure est-il? *what's the time?*; de bonne heure *early*
heureux *(f heureuse) happy*
l' hiver *(m) winter*

l' homme *(m) man*
honnête *honest*
l' hôpital *(m) hospital*
l' horaire *(m) timetable*
les hormones *(f) hormones*
hors *outside*
horreur: quelle horreur! *how dreadful!*
horrible *horrible*
l' hôtel *(m) hotel*
l' hôtesse *hostess, receptionist;* hôtesse
    d'accueil *receptionist*
l' huile *(f) oil*
huit *eight*
l' humeur *(f) mood*

I

ici *here*
l' idée *(f) idea*
idéal *ideal*
il *he*
il y a *there is/are*
immédiatement *immediately*
l' importance *(f) importance*
important(e) *important*
impossible *impossible*
impression *(f):* avoir l'impression *to have
    the impression*
incroyable *unbelievable*
les Indes *(f pl) India*
l' indice *(m) clue*
indien *Indian*
indiscret *(f* indiscrète) *indiscreet*
l' individu *(m) individual*
l' infirmière *(f) nurse*
l' ingénieur *(m) engineer*
l' ingrédient *(m) ingredient*
l' injustice *(f) injustice*
innocent(e) *innocent*
l' insolation *(f) sunstroke*
l' inspecteur *(m) inspector*
installer *to seat*
l' instant *(m) moment*
intellectuel *(f* intellectuelle) *intellectual*
intelligent(e) *intelligent*
interdit(e) *forbidden*
intéresser *to interest*

l' intérêt *(m) interest*
l' Italie *(f) Italy*

J

jaloux *(f* jalouse) *jealous*
jamais *never*
le jambon *ham*
le jardin *garden*
jardiner *to garden*
le jazz *jazz*
je (j' *before vowel) I*
le jeton *telephone coin*
jeudi *(m) Thursday*
jeune *young;* les jeunes *young people*
la joie *joy*
joli(e) *pretty*
le jongleur *juggler*
jouer *to play*
le jour *day*
le journal *(pl* les journaux) *newspaper*
le journaliste *journalist*
la journée *day;* la journée continue *(see
    p. 23)*
joyeux *(f* joyeuse) *happy*
juger *to judge*
juin *(m) June*
les jumelles *(f) twins (female)*
le juré *jury*
jusqu' à *until; as far as*
juste *just*

K

le kilo *kilogramme*
le kilomètre *kilometer*

L

la *the (f), her, it*
là *there;* là-bas *there, over there*
le laboratoire *laboratory*
la laine *wool*
laisser *to leave; to let*
le lait *milk*
la langue *language, tongue*
le lapin *rabbit*
le lave-vaisselle *dishwasher*
le *the (m), him, it*

le légume *vegetable*
léger (*f* légère) *light*
les *the (pl), them*
leur *their (see p. 56); (to) them*
se lever (E) *to get up*
la liberté *freedom*
la librairie *bookshop*
libre *free*
le Lido *(see p. 51)*
la ligne *(bus) route*
* lire *to read*
la liste *list*
le lit *bed*
le litre *liter*
le livre *book*
la livre *pound*
le locataire *renting tenant*
logé(e) *housed*
le logement *housing; home*
la loi *law*
loin(e) *far*
long(e): c'est long *it's slow*
longtemps *a long time*; depuis longtemps
   for long
lorrain (*m*) *from Lorraine*
lorsque *when*
la loterie *lottery (see p. 40)*
louer *to rent, hire*
lui *him, to him*
lundi (*m*) *Monday*
le luxe *luxury*
le lycée *school*
le lycéen (*f* la lycéenne) *schoolboy*
lyonnais (*f* lyonnaise) *from Lyon*

M

ma *my (f)*
la machine à laver (le linge) *washing
   machine*
madame *madam, Mrs.*
mademoiselle *Miss*
le magasin *shop*
mai (*m*) *May*
maintenant *now*
la mairie *town hall*

mais *but*; mais oui *yes, of course*; mais
   non *of course not*
la maison *house*; à la maison *(at) home*
le maître d'hôtel *head waiter*
majorité: en majorité *for the most part*
mal *bad, badly*
malade *ill*; le/la malade *the patient*
la maladie *illness, disease*
malheureusement *unfortunately*
manger *to eat*
manière: d'une manière simple *simply*
la marche *step, stair*
marcher *to walk*
le marché *market; shopping*
mardi (*m*) *Tuesday*
le mari *husband*
marié(e) *married*; je me suis marié(e) *I got
   married*
mars (*m*) *March*
marseillais (*f* marseillaise) *from Marseille*
le matin *morning*
mauvais(e) *bad*
le médecin *doctor*
la médecine *medecine*
le médicament *medicine*
mélanger *to mix*
même *same; even*; vous-même *yourself*
le ménage *housework; household*
la ménagère *housewife*
le mensonge *lie*
le menteur *liar*
* mentir *to lie*
le menu *menu (see pp. 99-100); set meal*
la mer *sea(side)*
merci *thank you*
mercredi (*m*) *Wednesday*
la mère *mother*
merveilleux (*f* merveilleuse) *marvelous*
mes *my (pl) (see p. 56)*
le messe *Mass*
le métier *trade*
* mettre *to put*
le meurtre *murder*
miam! miam! *yum! yum!*
midi *midday*

le midi *the South of France*

le mien (*f* la mienne) *mine*

mieux *better*; le mieux *best*

le milieu *middle*

mille *thousand*

le millimètre *millimeter*

le million *million*

minuit *midnight*

la minute *minute*

le miracle *miracle*

la misère *misery*

le mode de vie *life-style*

le mobile *motive*

moi *me*; chez moi *at (my) home*

moins *less*; au moins *at least*

le mois *month*

la moitié *half*

le moment *moment*; à ce moment-là *at that time*; en ce moment *now*

mon *my (m) (see p. 56)*; mon Dieu! *Good Heavens!*

le monde *people (see p. 70); world*; tout le monde *everybody*

la monnaie *change; currency*

monsieur *Mr.; sir; gentleman*

la montagne *mountain(s)*

la montre *watch*

le mot *word*

la moutarde *mustard*

moyen *average (adj)*; la moyenne *the average*; en moyenne *on average*

municipal *municipal*

le mur *wall*

le musée *museum*

musical(e) (*m pl* musicaux)

la musique *music*

le musicien *musician*

le mystère *mystery*

N

nager *to swim*

la naissance *birth*

natif de *originally from*

la Nationale 8 = la route nationale 8

naturellement *naturally, of course*

ne ... pas *not (see p. 26)*; ne ... rien *nothing*; ne ... jamais *never*; ne ... plus *no more*; ne ... personne *nobody*; ne ... que *only*

né (*from* *naître [E] *born;* je suis né(e) *I was born*

le négociant en vins *wine merchant*

neuf *nine*

le neveu *nephew*

ni ... ni *neither ... nor*

noir *black*

le nom *name*; à quel nom? *in what name?*

nombreux (*f* nombreuse) *many, large in number*

le nord *north*

normal(e) (*pl* normaux) *normal*

la Normandie *Normandy*

notre *our (see p. 56)*

noter *to write down, note*

* nourrir *to feed*

la nourriture *food*

nous *we; us*

nouveau (*f* nouvelle, *m pl* nouveaux) *new*

la nuit *night*

nulle part *nowhere*

le numéro *number*

O

obligatoire *compulsory*

obligé(e) *obliged*

occupé (e) *busy*

l' oeuf (*m*) *egg*

l' office (*m*) du tourisme *tourist office*

l' officier (*m*) *officer*

oh! la, la! *goodness!*

l' oignon (*m*) *onion*

l' olive (*f*) *olive*

l' omelette (*f*) *omelette*

on *I, we, one (see Book I p. 102)*

onze *eleven*

l' opinion (*f*) *opinion*

l' orchestre (*m*) *orchestra*; en orchestre *in the stalls*

l' origine (*f*) *origin*

ou *or*

où *where*

oublier *to forget*

l' ouest *west*
oui *yes*
ouste: allez ouste! *hop to it!*
l' ouvrier *(m) workman*
* ouvrir *to open*
ouvert *open*

P

le paquet *packet*
le pain *bread*
la paix *peace*
le pamplemousse *grapefruit*
le pantalon *trousers*
le papier *paper;* sur papier *(photographic) print*
par *by; per;* par exemple *for example;* par hasard *by chance;* par terre *on the ground;* deux fois par jour *twice a day*
le parachutiste *parachutist*
il paraît que *it seems that*
le parasol *parasol*
le parc *park*
parce que *because*
pardon *pardon, excuse me*
pareil *(f* pareille) *similar;* c'est pareil *it's all the same*
le parent *parent; relation*
parfait(e) *perfect, fine*
parfumé(e) *scented*
parisien *(f* parisienne) *Parisian*
le parking *parking lot; garage*
parler *to speak, talk*
parmi *among*
la parole *word; speech*
part: à part *apart from*
participer *to take part*
particulier *(f* particulière) *private*
partir (E) *to leave, to go (away);* à partir de *from*
pas *not;* pas du tout *not at all;* (il n'y a) pas de quoi *don't mention it*
le passeport *passport*
passer *to spend, to pass*
passer (E) *to call in, stop off at*
passionnant(e) *exciting*
le pâté *pâté*
la patience *patience*

patient(e) *patient (adj.)*
la pâtisserie *cakes, pastries*
le patron *(f* la patronne) *boss*
pauvre *poor*
payer *to pay (for)*
le pays *country*
la peau *skin*
* peindre *to paint*
la pellicule *roll of film*
pendant *for; during*
la pénitence *penance*
penser *to think*
la pension *pension*
* perdre *to lose*
le père *father*
le permis de conduire *driving license*
la personne *person;* personne *nobody*
personnellement *personally*
persuader *to convince*
petit(e) *small, little;* un petit instant *just a moment;* un petit peu *just a little*
le petit déjeuner *breakfast*
la petite-fille *grand-daughter*
peu *few;* un peu *a little, a bit;* à peu près *about, approximately*
peur: avoir peur *to be afraid*
je peux *(from* pouvoir)
peut-être *perhaps*
la pharmacie *drugstore*
le pharmacien *druggist*
la photocopie *photocopy*
la phrase *phrase, sentence*
le pichet *jug*
la pièce d'identité *proof of identity*
le pied *foot;* à pied *on foot, walking*
la pilule *pill*
le pinceau *brush*
pique-niquer *to have a picnic*
la piscine *swimming pool*
Pise *Pisa*
la place *square; room; seat*
la plage *beach*
le plaisir *pleasure;* faire plaisir *to please*
le plan *street map*
le plat *dish*
le plateau de fromages *cheese board*

plein(e) *full;* le plein *full tank*
pleurer *to cry*
la pluie *rain*
la plume *feather*
la plupart *most;* pour la plupart *mostly*
  plus *more (see p. 81);* ne . . . plus
    no more
  plusieurs *several*
  plutôt *rather*
le pneu *tire*
la poêle *frying pan*
à point *medium cooked*
le poireau *leek*
le poisson *fish*
le poivre *pepper*
la police *police*
la pollution *pollution*
la pomme *apple;* la pomme de terre
    potato; les pommes frites *French
    fries;* pommes sous la cendre *char-
    coal-roasted potatoes*
le pompier *fireman*
  populaire *popular*
la population *population*
le porc *pig*
le port *port, harbor*
la porte *door*
le porte-monnaie *purse*
la pose *exposure (photo)*
  posséder *to have, own*
  possible *possible*
la poste *post office*
le pot *jar*
la poularde *fowl*
la poule *hen*
le poulet *chicken*
  pour *for;* pour cent *per cent*
le pourboire *tip*
  pourquoi *why*
  pourtant *and yet*
  pouvoir *to be able; can (see p. 53)*
  pratiquement *practically*
  précédent(e) *previous*
  préférer *to prefer, like most*
  préféré(e) *favorite*
  premier (*f* première) *first*

* prendre *to take, to have;* prendre à droite
    to turn right
le prénom *first name*
  préparer *to prepare*
  près (de) *near*
  presque *almost, nearly*
  pressé [e] *in a hurry*
  prêt(e) *ready*
la preuve *proof*
* prévenir *to warn*
  prier: je vous en prie *don't mention it;*
    nous vous prions . . . *would you kindly
    (see p. 113)*
  primaire *(adj.) primary*
  privé(e) *private*
la prise de courant *plug (electric)*
le prix *price; prize*
le problème *problem*
  prochain(e) *next, coming*
les produits *(m) goods*
* produire *to produce*
le professeur *teacher*
la profession *profession*
  profiter *to take advantage, enjoy*
le progrès *progress*
la promesse *promise*
  promis: c'est promis *that's a promise*
le/la propriétaire *proprietor; owner*
la prospérité *prosperity*
la province *provinces*
le public *public, audience*
la publicité *publicity*
  puis *then*
  pur(e) *pure*

Q

le quai *bank (of river)*
la qualité *quality*
  quand *when;* quand même *even so*
la quantité *quantity*
  quarante *forty*
  quart: et quart *quarter past;* moins le
    quart *quarter to*
le quartier *neighborhood;* dans le quartier
    nearby
  quatorze *fourteen*

quatre *four*

quatre-vingts *eighty*

quatrième *fourth*; en quatrième *in the third year (see p. 31)*

que *what; as; that; which*: plus grand que *bigger than*; aussi grand que *as big as*; je pense que . . . *I think that*

qu'est-ce que? *what?*

quel (*f* quelle) *which, what*

quelque *some, few*; quelque chose *something*

quelquefois *sometimes*

la question *question* .

qui *who, which (see p. 69)*

quinze *fifteen*

quoi *what*

R

le raisin *grape*

la raison *reason*

raisonnable *reasonable*

ramener *to bring back*

le rang *row*

râpé(e) *grated*

rapide *quick, fast*

rare *rare*

rarement *seldom*

raser: je me rase *I shave*

le rasoir *razor*

la ratatouille *mixed vegetable stew*

le/la réceptionniste *receptionist*

la recette *recipe*

* recevoir *to receive, get*

la récolte *harvest*

* reconnaître *to recognize*

reconstituer *to reconstitute*

réellement *really*

* refaire *to do again*

le réfrigérateur *refrigerator*

regarder *to watch, look at*

la région *region*

régional(e) *regional*

regretter *to miss; to be sorry*

régulièrement *regularly*

remarquable *remarkable*

remercier *to thank*

rencontrer *to meet*

le rendez-vous *meeting*

* rendre *to give back*

rentrer (E) *to go home; to go back*

renvoyé(e) *sacked, fired*

réparer *to mend*

* repartir (E) *to go away again*

le repas *meal*

* répondre *to reply*

le repos *rest*

* reprendre *to start again*

représenter *to represent*

réputé(e) *well-known*

le réseau *network*

la réservation *reservation*

réserver *to reserve*

le restaurant *restaurant*

le reste *rest, remainder*

rester (E) *to stay, remain*

le résultat *result*

retard: en retard *late*

retrouver *to meet (again)*

* revenir (E) *to return, come back*

le revenu *income*

* revoir *to see again*; au revoir *goodbye*

riche *rich*

rien *nothing*

* rire *to laugh*

le rire *laugh*

la rivière *river*

la robe *dress*

le robinet *tap*

* rôtir: faire rôtir *to roast*

rouge *red*

la route *road*

la rue *street*

S

le sac *bag*

sadique *sadist*

saignant *rare (e.g., steak)*

sain et sauf *safe and sound*

la salade *salad, lettuce*

le saladier *salad bowl*

le salaire *salary*

sale *dirty*

la salle *room*; la salle de bains *bathroom*

le saltimbanque *street entertainer*

samedi *(m) Saturday*

sans *without*

la santé: à votre santé! *cheers!*

* satisfaire *to satisfy*

la sauce *sauce, gravy*

* savoir *to know; to know how to*

la science *science*

le scrupule *scrupule*

la seconde *second*

le secret *secret*

le/la secrétaire *secretary*

la sécurité *security, safety*

le séducteur *seducer*

seize *sixteen*

le séjour *stay*; bon séjour! *have a good stay!*

le sel *salt*

selon *according to*; selon vous *in your opinion*

la semaine *week*

sept *seven*

sérieux *(f* serieuse) *serious*

le service *service*

* servir *to serve*

seul *alone; only*

seulement *only*

si *if; so; yes (see Book I p. 46)*; s'il vous plaît *please*

signer *to sign*

le silence *silence*

simple *simple*

sinon *if not*

situé(e) *situated*

six *six*

le ski *skiing*

la société *society*

la soeur *sister*

soif: j'ai soif *I'm thirsty*

le soir *evening*

la soirée *evening*

soit . . . soit *either . . . or*

soixante-dix *seventy*

solaire *sun (adj.)*

le soleil *sun*

solide *firm, strong, solid*

la somme *sum*

son *his, her (see p. 56)*

le sondage *opinion poll*

le sorbet *sherbet*

la sorte *sort, type*

* sortir *(E) to go out*

le sou *money (see p. 65)*

souhaiter *to wish*

sourd(e) *deaf*

le sous-sol *basement*

souvent *often*

la spatule *spatula*

la spécialité *specialty*

le spectacle *show*

le spectateur *onlooker*

le studio *one-room apartment*

successif *(f* successive) *successive*

le sud *south*

suffisamment *enough*

suis *(from* être)

la Suisse *Switzerland*

* suivre *to follow*

superbe *superb*

le supermarché *supermarket*

supplément: en supplément *extra*

supporter *to put up with*

supposer *to suppose*

la supposition *supposition*

sur *on*; un Français sur trois *one Frenchman out of three*

sûr(e) *certain, sure*; bien sûr *of course*

surprenant(e) *surprising*

surtout *especially, above all*

sympathique *nice*

T

la table *table*

le tableau *painting*

la taille *waist*; le tour de taille *waist measurement*

tandis que *whereas*

tant mieux *so much the better*; tant pis *too bad*

la tante *aunt*

tard *late*

le tarte *tart*
le téléphone *telephone*
téléphoner *to telephone*
le téléspectateur *viewer*
tellement *so, so much*
le temps *time; weather*; de temps en
temps *now and again*
terminer *to finish*
le terrain de camping *campsite*
la terre *earth*
la terrasse *terrace*
la terrine de grive *thrush pâté*
la tête *head*
le théâtre *theater*
tiens! *well, well!*
le tiercé *(see p. 133)*
le timbre *stamp*
tirer *to pull*
le titre *title*
la toilette *lavatory*; faire sa toilette *to get
washed and dressed*
la tomate *tomato*
tomber (E) *to fall*
ton *your*
le tonneau *barrel*
tôt *early*
total(e) *complete, total*
toucher *to touch*
toujours *always; still*
le tour de taille *waist measurement*; le tour
du monde *journey around the world*
le tourisme *tourism, sightseeing*
tourner *to turn*
tout *everything*
tout (pl tous) *all*; tous les deux *both*; le
tout *the lot*; pas du tout *not at all*;
tout d'abord *first of all*; tout de
suite *straight away*; tous les jours
every day; de toute façon *anyway*
le train *train*; en train de: en train de
bavarder *gossiping*
la tranche *slice*
le travail (pl travaux) *work; job*
travailler *to work*
le travailleur *workman*
les travellers (m) *traveler's checks*

traverser *to cross*
treize *thirteen*
trente *thirty*
trois *three*
troisième *third*
se tromper (E) *to make a mistake*
la trompette *trumpet*
trop *too, too much/many*
tropical(e) (m pl tropicaux) *tropical*
trouver *to find*; où se trouve . . . ? *where
is . . . ?*
tu *you*
le tube *tube*
typiquement *typically*

U

un/une *a, an, one*
utiliser *to use*
l' union (f) *union*
uniquement *only*
l' université (f) *university*

V

va *(from aller p. 53)*
les vacances (f) *holidays*
la vache *cow (see p. 67)*
vais *(from aller p. 53)*
la vaisselle *plates and dishes; washing up*
varier *to vary*; varié(e) *varied*
vas-y! *go on!*
la veille *the day before*
* vendre *to sell*
* venir (E) *to come*; je viens de manger *I've
just eaten*
le verre *glass*
vers *toward; approximately*
verser *to pour*
vert *green*
la veste *jacket*
les vêtements (m) *clothing*
veuillez *kindly (see p. 112)*
veut *(from vouloir p. 53)*
la viande *meat*
la vie *life*
vieille (f) *old*
la vieille *old woman*

viens, vient, viennent (*from* venir*)

vieux (*m*) *old*

le vieux *old man*

la vigne *vine*

le vigneron *wine grower*

le vignoble *vineyard*

la ville *town, city*

le vin *wine*

vingt *twenty*

la virgule *comma (see p. 119)*

visiter *to visit*

vit (*from* vivre)

vivant(e) *alive, lively*

vive . . . ! *long live . . . !*

* vivre *to live*

la vodka *vodka*

voici *here is/are*

voilà *there is/are*; voilà! *there you are!*

* voir *to see*

le voisin/la voisine *neighbor*

la voiture *car*

la voix *voice*

le vol *theft*

voler *to steal*

le voleur *thief*

volontiers *willingly*

vont (*from* aller *p. 53*)

vos *your (see p. 56)*

voter *to vote*

votre *your (see p. 56)*; à votre santé/à la vôtre! *to your health!*

je voudrais *I'd like*

vouloir *to want (see p. 53)*

vous *you*; vous-même *yourself*

le voyage *journey*

voyager *to travel*

vrai *true; real*

vraiment *really*

vu (*from* *voir)

W

le weekend *weekend*

le whisky *whisky*

Y

y *there (see p. 56)*

le yaourt *yoghurt*

Z

zut! *damn!*

Acknowledgment is due to the following for permission to reproduce illustrations:

CAMERA PRESS LTD (Bernard Colte/L'Express) page 66; J. ALLAN CASH LTD Marseille market and harbour (front and back covers) and page 41; JOCELYNE ETIENNE page 107; FRENCH GOVERNMENT TOURIST OFFICE Vézelay (front cover); J. PAVLOVSKY—RAPHO page 99; LEO PELISSIER page 49; POPPERFOTO (U.P.I.) page 89; JEAN RIBIERE page 15; H. ROGER-VIOLLET pages 31 and 65; KSENIJA WILDING bistro (front and back covers). Postage stamp on the back cover is reproduced by kind permission of the French P.T.T. LES GUEULES CASSEES lottery ticket page 40.

NOTES

NOTES

NOTES

NOTES